电化学制备纳米碳基材料新技术

郑凯　著

燕山大学出版社
·秦皇岛·

图书在版编目（CIP）数据

电化学制备纳米碳基材料新技术 / 郑凯著．—秦皇岛：燕山大学出版社，2021.3（2026.1 重印）

ISBN 978-7-5761-0101-0

I. ①电… II. ①郑… III. ①电化学—应用—纳米材料—碳/碳复合材料—制备 IV. ①TB332

中国版本图书馆 CIP 数据核字（2020）第 007575 号

电化学制备纳米碳基材料新技术

郑凯　著

出 版 人：陈　玉

责任编辑：朱红波

封面设计：方志强

出版发行：燕山大学出版社 YANSHAN UNIVERSITY PRESS

地　　址：河北省秦皇岛市河北大街西段 438 号

邮政编码：066004

电　　话：0335-8387555

印　　刷：廊坊市印艺阁数字科技有限公司

经　　销：全国新华书店

开　　本：700mm×1000mm　1/16　　印　　张：6.75　　字　　数：110 千字

版　　次：2021 年 3 月第 1 版　　印　　次：2026 年 1 月第 2 次印刷

书　　号：ISBN 978-7-5761-0101-0

定　　价：28.00 元

目　录

第 1 章　碳基材料

第 2 章 碳基材料制备、分析与性能检测方法

第 3 章 可控熔盐电解短流程制备金属碳化物复合材料

第 5 章　熔盐电解制备新型二维碳基纳米材料

第 1 章　碳基材料

1.1 引言

人类文明的不断发展以及人口的不断增长使得经济对能源的需求也在不断增加。但是常规能源如煤炭、石油、天然气等资源的日益匮乏，以及大量含碳能源消耗引发的一系列环境问题，使得集中精力发展可再生能源技术已经变得刻不容缓。进入 21 世纪，人类面临着两个极其严峻的问题：能源与环境问题。现今人类社会一个重要的主题就是：环保与绿色能源的开发。全新的能源体系需求，逐渐成为人类关注的重点。在这样一种大环境的影响之下，可持续利用并且对环境友好的电化学能源（即电能）作为新型能源逐渐地被人们重视起来。电能成为人类可持续发展的重中之重，非常典型的代表是零排放或低排放的电动汽车或混合动力电动汽车，这些新时代的交通工具已逐渐成为时代的潮流，世界上各个国家都在加大电动汽车的研发力度。对于这些电动汽车，储能元件作为其核心部件，成了每一个科研人员发展电动汽车领域研究的重点。我们在日常生活中所使用的传统的含铅材料二次电池存在不少缺点，例如能量密度低、使用寿命短、充电时易溢出酸雾等。因此，自 21 世纪以来，各种新型的高储能二次电池逐渐被研发出来。这其中以锂碳电池、燃料电池、锂铁氧电池为典型的代表。但是，即便如此，常规的二次电池依然很难满足大功率放电及快速储存电能的需求。超级电容器是在传统的电解电容器基础上发展起来的新型储能元件，由于采用了新型的电极材料和电解液体系，能量密度突破了传统电容器的限制，接近二次电池的十分之一，而功率密度是电池的数十倍 [1]。如图 1.1 所示是不同类型的电化学储能器件的比能量和比功率对比图，超级电容器介于传统静电电容器和各类电池之间，充当了桥梁的作用：具有比静电电容器更高的能量储存能力（比能量），同时又具备比二次电池更大的功率输出效率（比功率）[2]。超级电容器的特性在于，这种储能元件是通过在电极表面积累电荷进行充电的，而不是通过化学反应来充电的，这就导致没有充电时间的限制，且它的充电电流可以非常大。而且超级电容器具有较高的能量密度和功率密度的优点。此外，超级电容器具有快速充放电、使用寿命长、对环境友好、循环次数多、适用温度范围宽、安全性高等一系列特点，是一种新型、高效、实用且有着广泛的应用前景的储能装置。

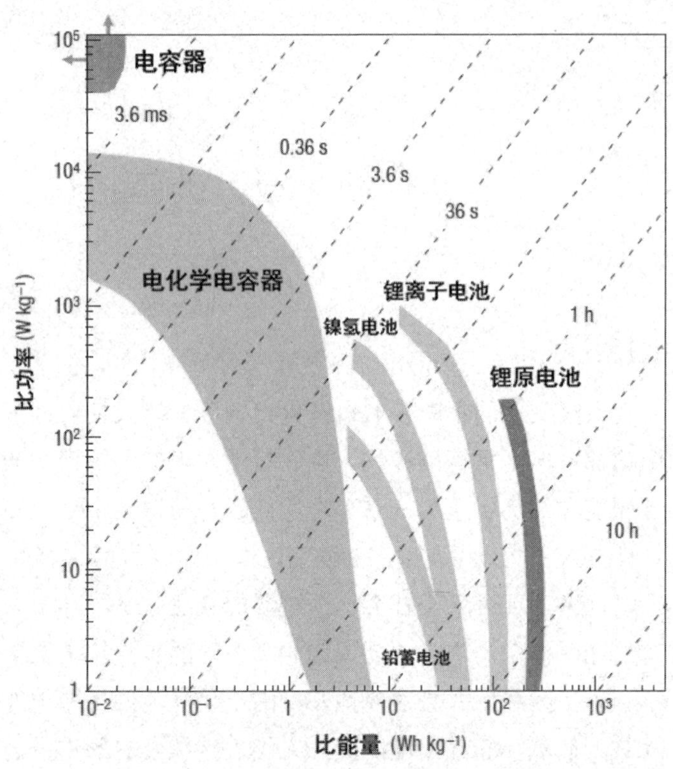

图 1.1 不同电化学储能器件的比能量和比功率对比图 [2]

经过研究人员的长期探索，超级电容器应该具备高功率密度兼具高能量密度的实用特性，这样可以实现能源的高效利用，设计和制备出具有这样特性的超级电容器已经成为本领域的发展方向。而超级电容器质量的好坏，关键在于电极材料的选择，因此电极材料作为超级电容器的主要组成部分，成为超级电容器发展的关键。根据长期的发展来看，当前超级电容器研究的主要方向集中在新型电极材料的制备和优化方面，研制出的电极材料需要达到低成本以及高性能的水平，才可以很大程度地降低生产成本，使其在众多领域中大放异彩。其中，碳基材料以其导电性好、比表面积高、孔径可调、成本低廉和易于表面改性等特点，被用为超级电容器的电极材料，受到广泛的研究关注 [3]。

1.2 熔盐电解法简介

1.2.1 熔盐的性质

熔融盐（简称为熔盐）是盐的熔融态液体，常规意义上说的熔盐是指无机盐的熔融体，目前，熔盐可以由 80 余种阳离子构成，阴离子有 30 余种，实际的熔盐种类远远超过 2400 种。碱金属或碱土金属与卤化物、硅酸盐、碳酸盐、硝酸盐以及磷酸盐组成了我们最常见的熔盐体系。随着熔盐技术的不断发展，目前科研工作者将氧化物熔体和熔融有机物也包括在熔盐体系中。熔盐是在略高于盐的结晶温度（如用于电解，则必须低于当前温度该熔盐的电解电压）下进行使用的，在此温度下，熔体结构为熔融状，但不是液体，与固态物质的结构保持着某些相似。在熔化时，物质的体积、热容、晶体结构等性质，基本上变化很小。这是因为结晶物质在固态时的化学键性质（离子键、共价键、金属键）在熔化时变化不大。然而，固态晶体的不整齐度以及电导会随着温度的升高也相应增大，与此同时，固态物质中质点分布的序列遭到破坏。

二元熔盐（60% 硝酸钠 +40% 硝酸钾）为经实际案例证明的适合于光热发电系统的成熟储热介质，但对于中温热利用领域，则无法采用这种二元熔盐，主要原因是其凝固点过高，约为 207 ℃。对于工作温度在 250 ℃左右的中温热利用系统，必须采用更低凝固点的熔盐产品。三元熔盐即 53% 硝酸钾 +40% 亚硝酸钠 +7% 硝酸钠组成的混合硝酸盐，其熔点为 142℃，气化点为 500℃。在 450℃以上亚硝酸钠就会产生缓慢分解现象，但一般中温热利用系统的工作温度在 250 ～ 350℃。

1.2.2 熔盐电解法的特点

熔盐能够广泛应用于化学工业、冶金工业、电镀和原子能工业中，熔盐具有导电率高、浓差极化小、能以高电流密度进行电解等优点，并且其理论也得到了迅速的发展。然而，熔盐中的化学反应实质及反应机理至今尚未完全清楚。在冶金工业中，熔盐电解占据非常重要的地位，采用熔盐电解大规模提取的金属材料种类达到了 30 余种；如钙、镁、钠、钾和锂等活泼金属，都只能采用熔盐电解的方法进行生产[4,5]。

工业上用熔盐电解法制取碱金属和碱土金属的熔盐电解质多半是卤化物

盐系，如制备铝的电解质是由冰晶石（Na_3AlF_6）和氧化铝等物质组成[6]。在熔盐体系中电沉积金属的方法具有如下的优点：具有高的沉积速度；沉积层厚而且无孔；所制得的为混合均匀的液态金属。

1.2.3 熔盐电解法的应用

熔盐凭借其自身特有的优势，被广泛应用于材料制备、能源、生物工程等领域[7]。

1. 金属材料制备

自然界中，贵金属、难熔金属等金属元素几乎全部都以化合物形式存在，且经常是多种金属元素混合在一起。这几十年以来，金属间功能材料逐渐成为金属材料研发和应用的热门领域，这些功能材料大部分都是金属间化合物。采用这种方法可以在材料表面沉积一层耐高温金属、耐腐蚀非晶金属、超硬材料等。熔盐电解制备金属及合金已有悠久的历史，其最具代表性的工业应用应属电解生产铝。为了简化贵重金属制备的工艺流程，降低其生产成本，提高产量，减小污染和能耗，近年来国际上出现了很多新方法，进入新世纪以来，以 FFC 剑桥法为代表的熔盐点脱氧技术兴起[8,9]。

2000 年，D. J. Fray、T. W. Farthing 和 G. Z. Chen 在《Nature》上发表相关研究成果，以 Fray-Farthing-Chen（FFC）剑桥法为代表的新时期熔盐电解法逐渐成为人们关注的重点。该方法是一种工序简单、节约成本、可连续化生产、环境友好的全新材料的生产工艺，适用于制备难熔金属及合金。因此，FFC 剑桥法自报道以来就成为制备各种纯金属和合金的研究热点[10-16]。其工艺流程如图 1.2 所示。

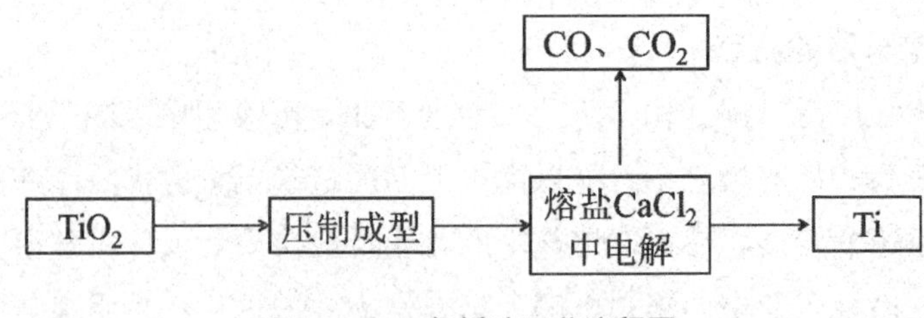

图 1.2 FFC 剑桥法工艺流程图

FFC 剑桥法的主要原理为：将 TiO_2 粉末压制成带有一定孔隙率的块状物用作阴极，以碳棒为阳极，将两者置于 $CaCl_2$ 熔盐中，在惰性气氛保护下升温至 800 ～ 1000 ℃（低于目标金属产物熔点）后施加 2.8 ～ 3.2 V（低于熔盐的分解电压）的直流电压进行电解。当电流到达阴极后，TiO_2 中的氧以氧离子的形式在电场的作用下由阴极迁至阳极，与阳极碳反应后生成 CO_2/CO 排出，阴极失去氧后获得产物金属钛。与克劳尔法相比，该方法省去了制备 $TiCl_4$ 和镁 / 碳热还原的中间步骤，直接从金属氧化物（TiO_2）中去氧后得到金属，大大简短了制备流程和降低了功耗。熔盐电解 TiO_2 制备 Ti 示意图如图 1.3 所示。

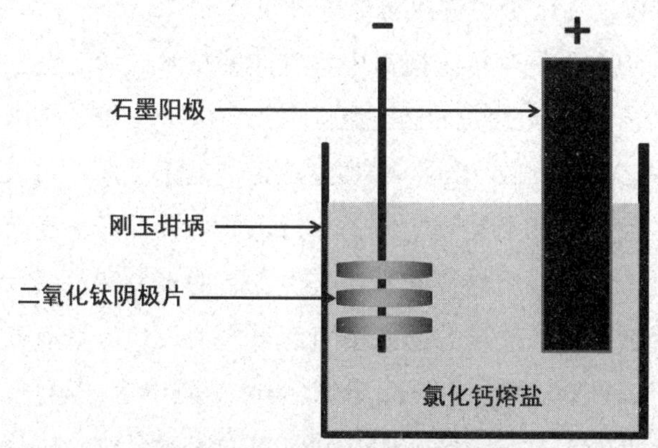

图 1.3　电解还原 TiO_2 的装置图

电极反应可表示为：

阳极反应：$C + 2O^{2-} = CO_2 + 4e^-$　（1-1）

阴极反应：$TiO_2 + 4e^- = Ti + 2O^{2-}$　（1-2）

总的反应：$TiO_2 + C = Ti + CO_2(g)$　（1-3）

FFC 剑桥法的小型工业化试验已经由英国 British Titanium PLC 公司以及 Metalysis 公司开展并取得了不错的效果，该熔盐电脱氧技术具有很多传统工艺无法比拟的优点，具体包括：

（1）以容易获得的氧化物为原料，不需要转化为氯化物再还原，而是直接电解还原制备金属粉末，极大地降低了工艺流程复杂度，缩短了生产周期，简化了生产设备和操作；

（2）电解温度低，一般为 700 ～ 900 ℃，降低了工艺能耗。此外，氯化物熔盐廉价易得，摆脱了对 Cl_2 和 Mg 等还原介质的需求，降低了约 40 % 的生产成本；

（3）污染少，制备过程仅产生 CO 或 CO_2 气体。此外，阳极产生的 CO_2 可以利用熔盐过程进行捕获和转化为高附加值的碳材料，以及采用惰性阳极以避免 CO_2 和 CO 的生成；

（4）产物容易制粉，适用于粉末冶金成型，避免了传统铸造加工等过程中原料的损失和成本的增加；

（5）固相反应利于合金或复合材料的制备，可解决传统合金生产过程中的氧化、偏析以及活性金属难以合金化等问题。

FFC 剑桥法并不是对传统熔盐电解方法的技术或者工艺上的改进，而是一种全新的工艺。FFC 剑桥法工艺流程短，省去了传统工艺中的氯化、精制 $TiCl_4$、镁还原、电解回收 $MgCl_2$ 和真空蒸馏等复杂工序，可大大降低海绵钛的成本，在钛冶金工艺上是一个新的起点，成为钛及其他高熔点金属生产工艺的一次变革，它为战略材料的制备提供了新的视角和手段，在国内外探索利用熔盐电解制备金属的研究团队中引起很大的反响。目前该法已经成功应用于制备 Ti、Zr、Ta、Nb、NiTi、FeTi、ZrC 等金属及其合金领域[17-22]。然而，相关研究仍处于发展阶段，但它同时也面临着电解电压较小、阳极易烧损、有副反应发生、电流效率低等问题。

OS 法是日本京都大学的 Ono 和 Suzuki 两位学者在 2002 年首次提出的。该方法是在 $CaCl_2$ 熔盐中将溶解于其中的 CaO 电化学还原为 Ca，然后以 Ca 为还原剂直接还原 TiO_2 制取钛粉，如图 1.4 所示。

钙热还原反应的副产物 CaO 可继续作为原料并连续电化学还原生成 Ca，

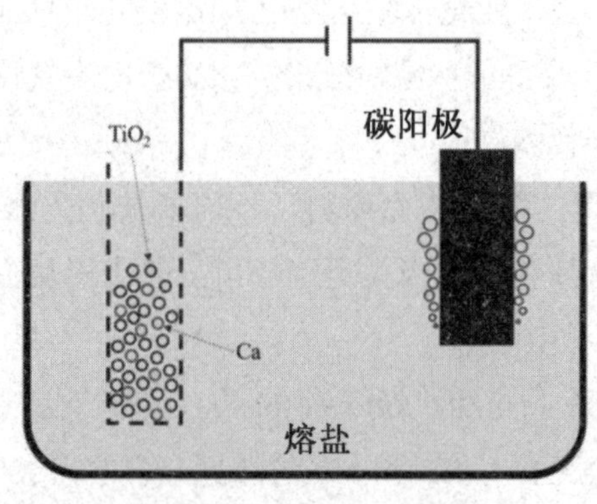

图 1.4 OS 法原理图

进而实现 Ca 在系统中的无损耗循环利用。美国 Olson、英国 Dring、澳大利亚 BHPBilton 公司以及电力中央研究所等利用该方法进行了工业生产模拟试验。与 FFC 剑桥法不同，OS 法不需要将 TiO_2 预制成阴极片，而是直接将 TiO_2 粉末装入阴极筐（不锈钢网或者钛网）中，然后在阴极和碳棒阳极之间施加恒定电压进行电解。这样的阴极设计使得氧离子的迁移阻力减小，有利于实现短程脱氧和还原。OS 法电解过程中的反应可表示如下：

$$TiO_2 + 2Ca = Ti + 2Ca^{2+} + 2O^{2-} \tag{1-4}$$

阳极反应：$C + 2O^{2-} = CO_2 + 4e^-$　　（1-5）

阴极反应：$Ca^{2+} + 2e^- = Ca$　　（1-6）

由于 OS 法的电解和还原两个过程在同一设备中完成，因此可实现工艺的连续化。在连续生产中，由于金属钛与 $CaCl_2$ 熔盐存在密度差，还原生成的钛颗粒将穿过阴极筐下沉到电解槽底部，因此只需定期移除沉积于电解槽底部的钛即可。此外，由于 Ca 的存在，产物中的残余氧可以有效地脱除。

除了阴极设计上的不同，最初 OS 法与 FFC 剑桥法关于电解过程中的还原机理也存在差异：FFC 剑桥法主张电化学还原机理（即 TiO_2 直接电脱氧得到 Ti），而 OS 法则主张化学还原机理（即 TiO_2 经钙热还原得到 Ti）。目前，大量的对比研究证明了熔盐中存在适量的 CaO 会促进 FFC 剑桥法中 TiO_2 的还原。因此，基于电化学还原机理和化学还原机理的结合得到越来越多研究者的认可。

固体透氧膜（SOM）法是 21 世纪初兴起的一种短流程、过程可控、节能环保且高效的提取制备金属及合金技术。该方法由美国波士顿大学的 U. B. Pal 教授于 2001 年提出，并成功由 MgO 直接电解制备获得金属 Mg[23]。相比于 FFC 剑桥法相比，SOM 法最大的不同就是电解阳极为固体透氧膜。固体透氧膜是一种固体电解质，其特征就是在一定温度条件下仅能使氧离子通过，此时熔盐氯化钙的氯离子和钙离子均不能通过透氧膜，因而有效地将熔盐与阳极隔离，SOM 法是一种流程短、效率高、环保节能的新型冶金工艺，电解池及基本原理示意图如图 1.5 所示[24,25]。

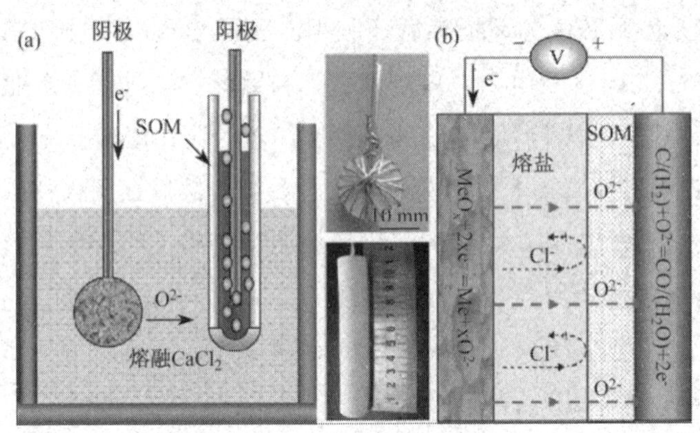

图 1.5 SOM 法电解池示意图

与熔盐电解法相似，当在阴、阳两极加上所需的电解电压后，阴极金属氧化物发生脱氧反应，形成氧离子并迁移到阳极。与 FFC 剑桥法所不同的地方在于，该方法是利用固体电解质的氧离子选择特性以控制 O^{2-} 的流动，在外加电场下使 O^{2-} 定向迁移而实现对金属氧化物进行电解还原。由于固体透氧膜的存在，使得非氧离子无法进入阳极反应区，所以即使施加的电解电压高于熔盐电解质的分解电压，也不会导致熔盐的分解。此外，固体透氧膜有限的电子电导将极大地限制电解时的背景电流，有效改善了 FFC 剑桥法电流效率不高的难题。同时 SOM 法电解过程可以有潜力实现在阳极直接生成氧气，或在通入氢气的条件下生成水，从而使得整个电解过程对环境是友好的[26-33]。

2006 年，北京科技大学的 Hongmin Zhu 教授等创造性地提出应用于钛金属提炼的 USTB 法，该方法与前述熔盐电解方法的区别主要在于：后者关注固体阴极氧化物的脱氧过程，而前者则主要关注可溶性阳极的反应过程。USTB 法采用可溶性阳极碳氧化钛（Ti_2CO）作为阳极，以及采用不锈钢板作为阴极，电解质选择 NaCl-KCl 熔盐，如图 1.6 所示。USTB 法提钛与传统电解提纯过程相似，阳极 Ti_2CO 中的钛首先溶解到熔盐中，然后在电场作用下移动到阴极并还原为金属钛，电极反应如下所示：

阳极反应：$Ti_2CO = 2Ti^{2+} + CO + 4e^-$ （1-7）

阴极反应：$Ti^{2+} + 2e^- = Ti$ （1-8）

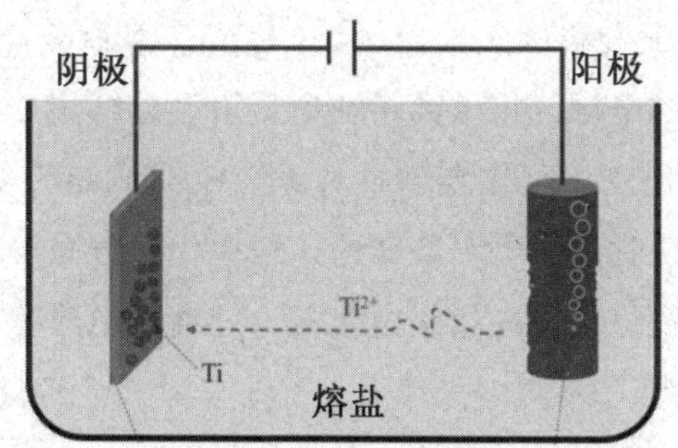

图 1.6 USTB 法原理图

USTB 法中采用 Ti_2CO 作为阳极主要基于两方面的原因：1）使阳极仅生成气态 CO，而无其他固态物质产生，所以在电解过程中不断有新的阳极表面物质参与反应，从而为提钛过程提供了优良的动力学条件，保证了生产的连续性，避免了使用 TiC 作为阳极条件下产物 C 对熔盐的污染；2）TiC 和 TiO 都是导体且具有相同的晶体结构，所以两者可形成固溶体 Ti_2CO，该固溶体同样具有很好的导电性，其电导率为 100 S/cm，满足了电解过程对阳极的要求，使得提钛过程的阳极电流效率极大提高。

Ti_2CO 的制备采用碳热还原方法：将 TiO_2 和 C 粉按照一定比例（摩尔比 1 ∶ 2）混合后压片，在 1000 ～ 1400 ℃于真空条件下烧结一定时间即可得到 Ti_2CO 阳极。此外，Hongmin Zhu 等还利用 SPS 法烧结摩尔比为 1 ∶ 1 ∶ 2 的 TiO、TiC 和 TiN 粉料以获得 $TiO_{0.25}C_{0.25}O_{0.5}$ 阳极，该阳极表现出与 Ti_2CO 相似的电化学性质，被证明可用于 USTB 法提钛过程。同样地，研究者还探索了含钛矿物（如钒钛磁铁矿矿、钛铁矿和高钛渣）替代 TiO_2 作为制备可溶性 Ti_2CO 阳极原料的情况，结果表明矿物中铁会被完全还原，而钛氧化物则被还原和碳化形成 Ti_2CO，从而证明了利用 USTB 法从更廉价的氧化矿物中提钛的可能性。

2. 碳基材料制备

近年来，利用熔盐电化学方法制备相关碳材料得到了越来越多的关注。目前，通过氯化物、氟化物熔盐体系电解还原碳酸盐制备碳材料取得了很大进展 [34-37]。其利用熔融的无机盐（一般为碱金属或碱土金属卤化物，例如 LiCl、NaCl、KCl、LiF 和 NaF 等）作为介质，含碳无机盐或者化合物（通常使用碱金属或碱土金属碳酸盐，例如 Li_2CO_3、Na_2CO_3 和 K_2CO_3 等）作适当碳源，施加适当的电压，将碳离子在电极附近分解，并沉积到基体上形成碳膜[35,38]。除了氯化物、氟化物溶盐体系，B. Kaplan[37] 等采用碳酸盐直接作为熔盐体系和碳源制备了纳米级碳粉，在电化学方面表现出优异的电化学活性，可以作为电极材料，在超级电容器、锂离子电池等方面得到了广泛应用。L. Massot 等[34,36] 在不同熔盐体系、不同基底上对沉碳过程的机理进行了探讨，实验表明碳酸根在熔盐体系内的还原过程为一步反应，且碳的形核过程为连续形核。熔盐中的电化学测试（CV、计时电流法等）表明熔盐电化学制备碳具有很高的电化学活性，同时这种碳材料表面形貌呈规则圆球状，具有很高的比表面积，其作为电池及超级电容器电极材料表现出很好的电化学特性。此外，熔盐电化学制备的碳材料还具有很好的催化性质，在抗机械阻力及抗腐蚀方面也表现出了潜在的应用前景[32]。

1.3 碳化物的研究进展

碳化物种类很多，常见的过渡金属的碳化物包括 TiC、TaC、ZrC、HfC、VC、WC、NbC、MoC、Mo_2C、Cr_7C_3、Cr_3C_2、Fe_7C_3、Mn_7C_3 等。除了过渡金属外，碱土类元素、非氧化物元素及稀土元素等都能形成碳化物[39]。这些化合物除了熔点高外，很多还具有金属的特性，如金属光泽、随温度升高而减少的导电性、可变的组成等。这类化合物还具有很高的高温机械强度和高的热震稳定性、化学稳定性，在高温下几乎耐各种化学腐蚀。此外，它还具有与其母体金属相类似的电、磁性质。正是这些性质使得它们被广泛应用于机械切削、矿物开采、制造抗磨和高温部件、核反应堆等领域以及类似于贵金属的催化性能，引起了人们的极大兴趣[40-43]。

1.3.1 碳化物的类型

碳从碳化物的键型划分，可分为离子型碳化物、共价型碳化物和间隙型碳化物三类碳化物。它们主要的性质和主要的代表物质如下：

（1）离子型碳化物：指那些碳与碱土金属结合的化合物，主要有碳化钙、碳化铍等。碳离子有 C（4−）、C_2（2−）、C_3（−）三种，C（4−）与水作用发生水解生成甲烷；C_2（2−）与水作用发生水解生成乙炔；目前仅制得的碳化镁（Mg_2C_3）属于 C_3（-）型离子，其与水能够发生作用而水解生成丙二烯。其反应的方程式如下：

$$Ca_2C + 2H_2O = CH_4 + 2CaO \tag{1-9}$$

$$CaC_2 + H_2O = C_2H_2 + CaO \tag{1-10}$$

$$Mg_2C_3 + 2H_2O = C_3H_4 + 2MgO \tag{1-11}$$

（2）共价型碳化物：主要是硅和硼的碳化物，如碳化硅和碳化硼。在这些碳化物中，碳原子与硅、硼原子以共价键结合，属原子晶体。它们具有高硬度、高熔点和化学性质稳定的特点，既不与水作用也不与硝酸作用，且硬度大，主要用作研磨粉和耐火材料。

（3）间隙型碳化物：多为过渡金属碳化物。其结构特点是密堆积金属晶格的四面体孔穴被碳原子填充，对金属的导电性影响不大。碳原子填充到这个金属的晶格中，会对晶格有影响。对原子半径大于 0.13 nm 的金属，碳原子不会使金属晶格变形，只使晶格更紧密坚实。这些金属的碳化物具有极高的熔点和硬度，如碳化钽和碳化钨等。对原子半径小于 0.13 nm 的金属，碳原子使原金属晶格变形，碳的原子链贯穿在变形的金属结构中，如铬、锰、铁、钴和镍的碳化物。这些金属的碳化物的性质介于离子型和间隙型之间，有较高的熔点和硬度，也能被水和酸分解生成烃类和氢的混合物。

由于间隙型碳化物具有优异的化学和物理等性质，因此相关的研究者在很久以前就开始了对间隙型过渡金属碳化物的合成研究。但是随着对材料性能要求越来越高，纳米级碳化物成为研究热点，研究重点在制备纳米级过渡金属碳化物。

1.3.2 碳化物的性质

在 20 世纪初，人们就对碳化物进行了研究。其合成的主要方法是碳热法，但是合成的物质的颗粒比较大，基本上处于微米级。主要的研究集中在硬度、耐磨性、稳定性和抗腐蚀性等性质上。目前，对新一代高温结构材料的使用温度要求达到 1600℃左右，过渡金属碳化物熔点一般都比较高。表 1.1 列出了部分常见过渡金属碳化物的熔点和密度。

表 1.1 部分常见过渡金属碳化物的熔点和密度

碳化物	熔点（°C）	密度（g/cm^3）
VC	2750	5.25 ～ 5.4
WC	2870	15.63
W_2C	2860	17.15
TiC	3160	4.93
Cr_3C_2	1890	6.68
ZrC_2	3540	6.70
NbC	2300	8.74
HfC	3890	12.7
TaC	3880	14.3
Mo_2C	2690	9.18

从表 1.1 中，我们可以发现常见的过渡金属碳化物的熔点一般都在 1800℃以上，特别是像 TaC、HfC 等碳化物的熔点高达 3800 ℃以上，这为其在高温领域的应用打下了坚实的基础。这些过渡金属碳化物不仅具有良好的耐超高温性，而且还具有良好的耐酸、耐碱及耐腐蚀等优良性能，这为它们在一些极端的酸性或碱性等以及具有腐蚀性的环境中应用奠定了基础。表 1.2 列出了它们的部分化学性质。

表 1.2 部分常见过渡金属碳化物溶解性指标

碳化物	不溶	可溶
VC	水、盐酸和硫酸	硝酸－氢氟酸混合酸
WC	水、盐酸和硫酸	硝酸－氢氟酸混合酸
W_2C	水、盐酸和硫酸	硝酸－氢氟酸混合酸
TiC	水、盐酸和硫酸	王水、硝酸和氢氟酸，碱性氧化物的溶液中
Cr_3C_2	水、盐酸和硫酸	王水
ZrC_2	冷水和盐酸	硝酸或双氧水的氢氟酸和热浓硫酸
NbC	盐酸、硫酸、硝酸	热的氢氟酸和硝酸的混合溶液
HfC	盐酸、硫酸、硝酸	王水
TaC	水，难溶于无机酸	氢氟酸和硝酸的混合酸
Mo_2C	水，难溶于无机酸	氢氟酸和硝酸的混合酸

这些过渡金属碳化物除了具有以上的优良性质外，还具有相当高的硬度，这也是它们作为一些超耐磨材料的主要原因，表 1.3 给出了部分过渡金属碳化物的硬度指数。

研究表明，过渡金属碳化物除具有以上的优异性质外，部分碳化物还具有超导性能。另外，研究人员发现，碳化物具有和贵金属相似的催化性能，被认为将来是贵金属的替代品，而且相比贵金属，它在选择性、稳定性和抗毒性上都有优异的表现。

表 1.3　部分常见过渡金属碳化物的硬度指标

碳化物	显微硬度（kg/mm^3）	晶体结构
VC	2600	立方晶系
WC	2080	六方晶系
TiC	3200	NaCl 型立方晶系
Cr_3C_2	1300	斜方晶系
ZrC_2	2600	面心立方
NbC	2400	立方晶系
HfC	>1800	立方晶系
TaC	>1800	立方晶系
Mo_2C	1800	六角形晶系

1.3.3 碳化物的用途

过渡金属碳化物是一类具有很高的熔点及硬度、极高的热稳定性和机械稳定性、在室温下几乎耐各种化学腐蚀等特点的物质。有些还具有特殊的光、电、磁、超导、热学、催化等性能，是一种极富潜力的非氧化物高温结构材料、电子材料和催化新材料[44,45]。

1. 碳化硅（SiC）

碳化硅的基本结构单元是 Si—C 以共价键相结合而形成的正四面体，即由 3 个 C 原子和位于这 3 个 C 原子所围成的三角形的中心上方的 1 个 Si 原子共同构成[46]。Si 原子处于正四面体的中心，每个 Si 原子周围有 4 个 C 原子，反之亦然，并且相邻的两个正四面体共用顶端上的一个原子。由于 Si 原子的电负性为 1.8，C 原子的电负性为 2.6[47]，因此，Si—C 间通过强四面体形式实现 sp_3 杂化，并且存在一定程度的极化。C 原子之间或 Si 原子之间的原子间距约为 0.308 nm，Si—C 即两个异种原子间距为（3/8）1/2 即 0.189 nm，两个 Si 或 C 原子所在的平面之间的距离为（2/3）1/2 即 0.252 nm。每种原子被 4 个异种原子所包围，形成四面体配位的碳硅四面体和硅碳四面体单元，如图 1.7 所示。碳化硅结构的对称性赋予了其众多优异性能，如较好的化学及热力学稳定性、耐腐蚀性、优异的热传导性等。

碳化硅（SiC）作为半导体材料具有宽间接禁带、大击穿电场（E_{cirt}=3.0

MV · cm^{-1}）、高热导率（Θ_k= 4.9 W · cm · K^{-1}）和高电子饱和漂移速度（V_{sat}=2.0×10^7 cm · s^{-1}）、化学稳定性好等特点，使其在高温、高频、大功率和抗辐射等极端环境下工作的光电子器件方面有着巨大的应用前景[48-50]。碳化硅陶瓷纤维具有高强度（1～4 GPa）、高模量（150～400 GPa）、耐高温（>1200℃）、抗氧化、抗腐蚀、低密度（<3.5 g/cm^3）和电阻率可调控等其他无机纤维无法媲美的优异性能，用于耐高温的增强型复合材料，是金属基和陶瓷基复合材料的首选，在航空航天、汽车、机械以及石油化学工业中多有应用[51-55]。

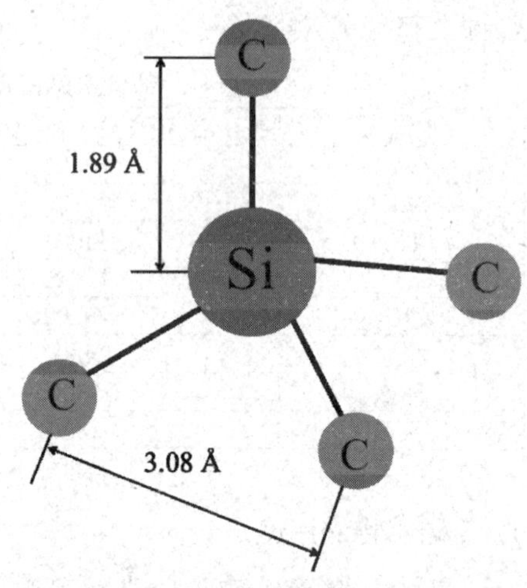

图 1.7 基本结构单元的 Si—C 四面体结构

2. 碳化钛（TiC）

碳化钛（TiC）是具有金属光泽的铁灰色晶体，其具有弱磁性。由于 TiC 具有相当高的硬度，因此 TiC 材料主要被用于制造金属陶瓷、耐热合金及硬质合金等材料。TiC 具有熔点高、蒸气压低、逸出功小等优点，因此其又可作为高温辐射材料以及其他高温电真空器件。用碳化钛（TiC）制备的复相材料在机械加工、冶金矿产、航天领域、聚变堆等领域有着广泛的应用。碳化钛晶体结构如图 1.8 所示。

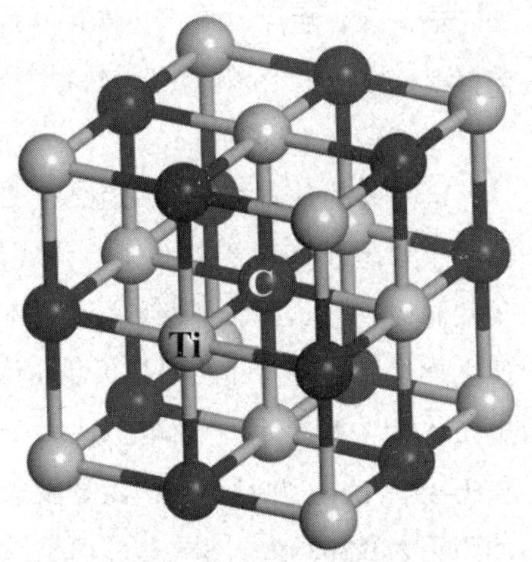

图 1.8 碳化钛晶体结构

3. 碳化铬（Cr_7C_3）

Cr_7C_3 是 M_7C_3（M=Cr、Fe、Mn）型过渡金属碳化物的一种。这种材料具有极高的硬度和良好的高温稳定性，经常作为耐磨材料的增强相。除此之外，碳化铬在切削材料和高温合金等领域也有着广泛的应用。

Liu 等人[56]通过第一性原理对 Cr_7C_3 的稳定性和力学性能进行了研究。如图 1.9 所示，在 Cr_7C_3 晶体结构中，同时存在正交晶系和六方晶系两种晶体结构。

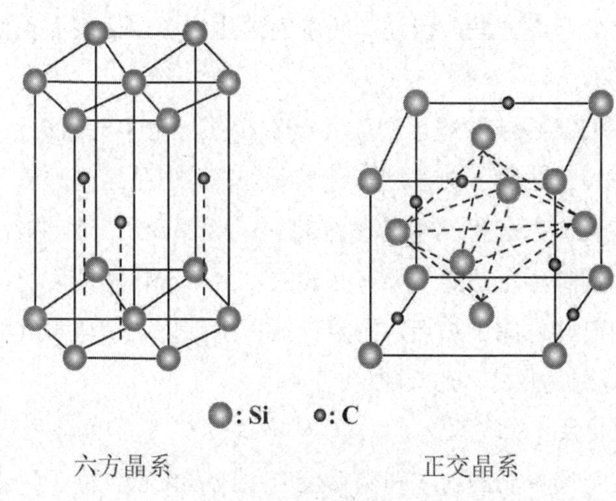

图 1.9 Cr_7C_3 的晶体结构

4. 碳化钽（TaC）

如图 1.10 所示，TaC 属于等轴晶系的晶体结构，其中 Ta 金属原子排列成立方密堆积，C 原子填充在 Ta 原子构成的八面体空隙中。C 原子和 Ta 原子的配位数均为 6。马淑红等[57]利用密度泛函理论对 TaC 的电子结构及力学性能进行了研究。研究结果表明，TaC 分子中，所有成键态都被填满，多余的电子被填充到反键态，所以 TaC 具有较强的金属性。

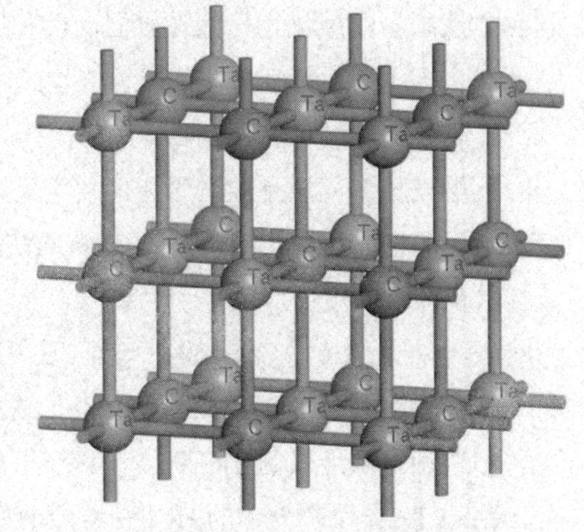

图 1.10 TaC 的晶体结构

TaC 拥有很多优异的物理和化学性质。如高硬度、高熔点（达 3880℃）、良好的导电性及良好的耐腐蚀性能等，可用于硬质耐磨合金刀具、粉末冶金、化学气相沉积、切削工具和耐磨耐蚀结构部件添加剂[58,59]。

1.3.4 碳化物的制备方法

由于过渡金属碳化物拥有十分广阔的用途，人们很早就对其制备进行了研究。传统制备过渡金属碳化物的方法为直接碳化法，这是一种从粉末冶金技术发展而来的合成方法，但是其制备的碳化物存在比表面积低、表面催化活性低等问题。

而后，人们又陆续发展了程序升温反应法、化学气相沉积法、微波法、碳热氢还原法等方法用于制备过渡金属碳化物。但是这些方法不同程度地存在成本高、能耗大、条件要求苛刻等问题，所以开发一种易操作、成本低、能耗低的碳化物制备方法是十分有必要的。由于碳化物的广泛应用，对碳化物制备方法的研究也成了热点，主要包括直接碳化法、化学气相沉积法、自蔓延高温合成法等方法，简单介绍如下：

1. 直接碳化法[60-62]

利用过渡金属单质的粉末和碳粉反应生成碳化物。由于很难制备亚微米级金属粉，该方法的应用受到限制，上述反应需 5 ～ 20 h 才能完成，且反应过程较难控制，反应物团聚严重，需进一步的球磨细化加工才能制备出细颗粒粉体。为得到较纯的产品还需对球磨后的细粉用化学方法提纯。此外，由于高纯度的金属粉末的价格昂贵，使得合成碳化物的成本也高。1933 年，Pfund[63] 等在高温低压的容器中蒸发金属使其气化，再与碳反应生成碳化物。这种方法制备的碳化物虽然在表面活性和比表面积上取得突破，但是缺点是成本高、合成量小且不易精确控制。

2. 化学气相沉积法（CVD）[64-67]

化学气相沉积法是通过气源的化学反应，使反应物在衬底上沉积而得到薄膜状生成物的技术（图 1.11）。该合成法是利用四氯化钛、氢气和碳之间的反应。反应式如下：

$$TiCl_4\text{（g）} + 2H_2\text{（g）} + C\text{（s）} = TiC\text{（g）} + 4HCl \qquad (1\text{-}12)$$

反应物与灼热的钨或碳单丝接触而进行反应，TiC 晶体直接生长在单丝上，用这种方法合成的 TiC 粉体，其产量，有时甚至质量严格受到限制，此外，由于 $TiCl_4$ 和产物中的 HCl 有强烈的腐蚀性，这样导致操作不便，合成时要特别谨慎小心。

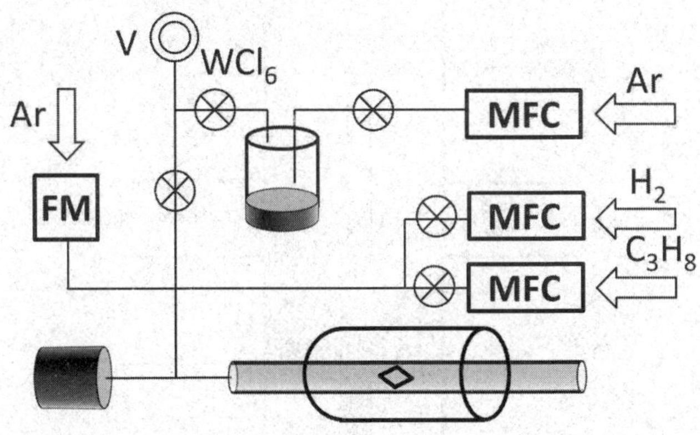

图 1.11 化学气相沉积装置示意图

3. 自蔓延高温合成法（SHS）[68-70]

SHS 法源于放热反应。当加热到适当的温度时，细颗粒的 Ti 粉有很高的反应活性，因此，一旦点燃后产生的燃烧波通过反应物 Ti 和 C，就会有足够的反应热使之生成 TiC。SHS 法反应极快，通常不到一秒钟，该合成法需要高纯、微细的 Ti 粉作原料，且产量有限。

4. 球磨法 [71-73]

球磨法是利用球磨机的转动和振动使硬球对原料进行强烈撞击、碾磨和搅拌，并利用机械能来诱发化学反应或诱导材料组织、结构和性能的变化，由此来制备新材料。球磨法制备碳化物优点是工艺相对简单、成本较为低廉，并且可以在室温下进行反应，缺点是球磨反应时间过长，要求高纯度原料，并且难以反应完全，导致在产业化应用中受限制。

5. 微波法 [74-76]

微波法是利用微波能来对材料进行加热，其基本原理就是利用材料在高频电场中的介质损耗，将微波能转变成热能而进行烧结。其具有快速和节能等优点，但在应用微波法的过程中所使用的微波反应物中需要有能够吸波的介质。

Vallance[77,78] 等以碳粉和钨粉的混合物作为前驱体，将其混合均匀，并压制成直径 8 mm 的圆球，如图 1.12 所示，将压制的圆球置于石英管中，在 3 kW 的微波功率下加热，并成功制出块状的碳化钨。

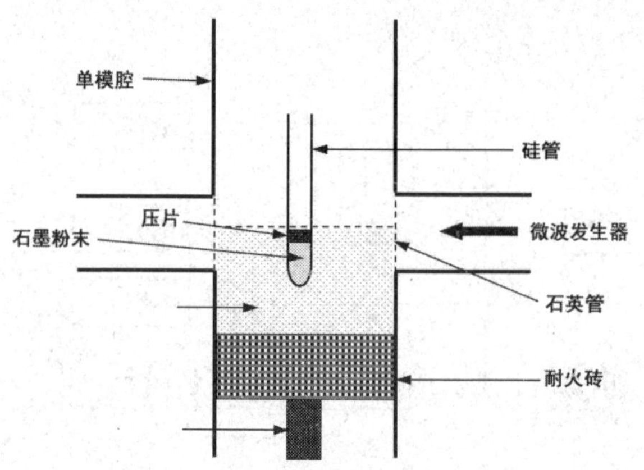

图 1.12 微波法反应示意图

6. 程序升温反应法（TPR 法）

20 世纪 80 年代，人们根据高温合成法的不足，发展出程序升温反应法 [79,80]。这种方法对反应的温度进行了严格控制，使得反应制得的碳化物具有较大的比表面积。这种方法一般采用金属氧化物作为前驱体，体积比为 1 ∶ 4 的 CH_4–H_2 混合气体作为还原气体。

7. 碳热氢还原法

过渡金属碳化物的催化性能与其分散性及比表面积有关。Liang[81] 等采用具有高比表面积的活性炭作为碳源及载体，以七钼酸铵作为金属原子源浸渍活性炭，在 H_2/Ar 气流中进行碳热氢还原反应，并最终制得高活性的活性炭负载型碳化钼。

1.3.5 多孔金属碳化物的研究现状

多孔材料以其特殊的多孔结构，具有孔隙率高、比表面积高、密度低、吸附性及透过性好等一系列优点，在环保、化工、功能材料等领域应用广泛，已成为各国材料科学领域一大研究热点 [82,83]。

其中，多孔金属碳化物具有金属碳化物硬度高、熔点高、抗氧化性好等特点，又兼具了多孔材料密度低、比表面积高、透过性好等特点，在催化剂载体、高温及腐蚀性介质、摩擦磨损材料、热交换器等领域有着十分广阔的应用前景 [84,85]。

张雷等 [86] 利用反应烧结法，通过甲烷（CH_4）碳化还原 Cr_2O_3、WO_3、

TiO_2 三种金属氧化物，成功制备出具有多孔结构的碳化铬（Cr_3C_2）、碳化钨（WC）、碳化钛（TiC），反应式如下：

$$3Cr_2O_3(s) + 13CH_4(g) = 2Cr_3C_2(s) + 9CO(g) + 26H_2(g) \tag{1-13}$$

$$TiO_2(s) + 3CH_4(g) = TiC(s) + 2CO(g) + 6H_2(g) \tag{1-14}$$

$$WO_3(s) + 4CH_4(g) = WC(s) + 3CO(g) + 8H_2(g) \tag{1-15}$$

图 1.13 为利用这种方法制备的多孔结构的碳化铬（Cr_3C_2）。由图可见，当反应温度高于 1500℃时，出现明显的多孔结构。

但是，这种方法需要的反应温度较高，需要在1500℃以上才能产生较明显的多孔结构，能耗大、成本高，所以开发一种低能耗、低成本的多孔碳化物制备方法是十分有必要的。

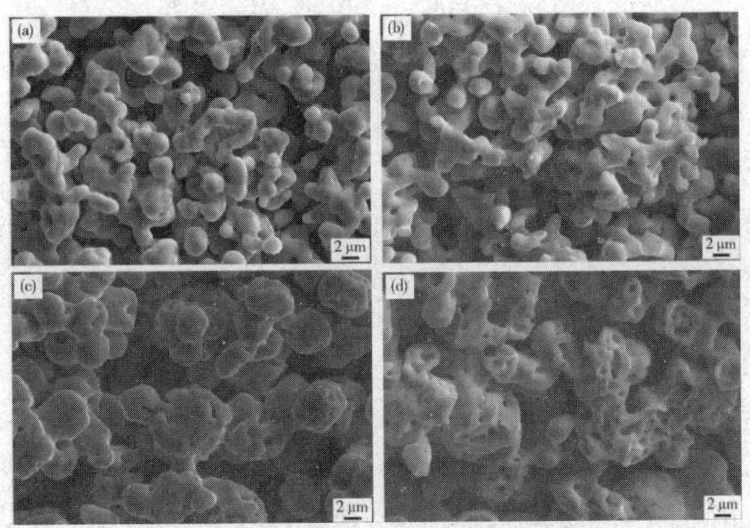

图 1.13 高温反应烧结后的多孔 Cr_3C_2 形貌
（a）1400 ℃表面，（b）1400 ℃截面，（c）1500 ℃表面，（d）1500 ℃截面

1.4 碳基材料在超级电容器电极中的应用

在超级电容器电极材料中，研究最早、技术最成熟的是碳材料，其研究是从 1957 年 Beck 发表的相关专利开始的。碳材料由于其独特的性质使其在能源与环境问题的应对上具有巨大的潜力，尤其是作为近些年所兴起的超级电容器电极材料，碳材料更是显现出它不可替代的地位。超级电容器可以分为双电层电容器和赝电容电容器。本书仅研究多孔碳材料在超级电容器电极

中的应用，因此本书仅关注双电层电容器，其构造和储能示意图如图 1.14 [87] 所示。

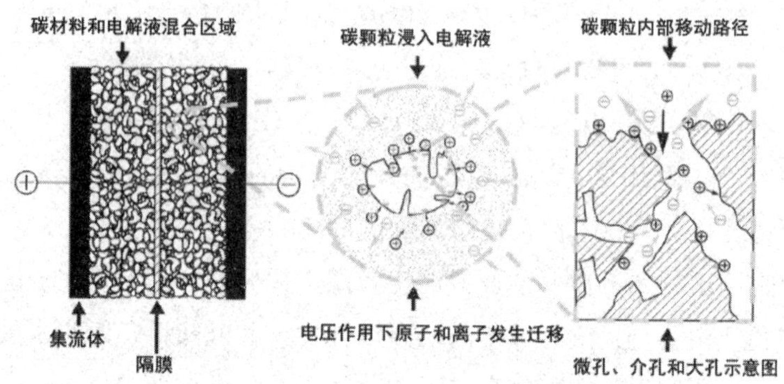

图 1.14 双电层电容器的储能原理示意图

双电层电容器一般由电极材料、电解液和隔膜组成。电极材料一般采用比表面积较大的多孔碳材料。碳材料作为制备超级电容器电极的首选电极材料，通常具有以下特点：

（1）比表面积非常大，孔隙结构非常丰富，能吸附大量电解质溶液；

（2）化学稳定性好，在各种酸、碱溶液中可以保持稳定结构；

（3）在很宽的温度范围内性能稳定；

（4）易加工成各种形状的电极；

（5）成本低廉、来源丰富；

（6）绿色环保，不含有重金属，对环境无污染。

目前，用于超级电容器的碳材料包括活性炭、活性炭纤维、炭气凝胶、碳纳米管（CNTs）等[88]。新型碳材料石墨烯具有良好的导电性和强度，已引起广泛的关注[89-91]。

1.4.1 活性炭

活性炭，也被称为活性木炭、活性煤炭，是一种经处理后制备得到的多孔碳，通常具有非常大的比表面积，是最早也是最多被用于超级电容器的材料 [92]。活性炭一般以碳源作为前驱体，经过高温碳化后活化制得。而碳化过程就是炭的富集过程，形成活性炭初步的孔隙结构。用于制备活性炭的前驱体原料十分广泛，大体上可分为木质原料和煤质原料。根据双电层电容器的理论分析，超级电容器电极的比表面与装置的电容呈线性关系，但实际情况却不是这么简单，电极材料本身的孔径分布、孔径大小、材料形态和表面官能团等都对设备的电容性能有很大影响，而且电解液离子的尺寸是否与材料本身的孔径吻合也是影响电容性能的重要因素 [93]。Gogotsi 课题组 [94] 的研究结果表明，只有当电解液的离子尺寸与材料内部孔径尺寸相吻合时，才能最大限度地发挥材料的电化学性能，从而得到较高的电容值。Yata 等人 [95] 制备的多孔炭材料循环寿命可达 10 万次，且在有机电解液中的比电容达到 100 F/g。Mitani S.[96] 等人利用化学活化法制备的微孔活性炭，比表面积可达到 3200 m^2/g，在 1 mol/L H_2SO_4 中的比电容值也高达 320 F/g。

1.4.2 活性炭纤维

碳纳米线是一维纳米电极材料的典型代表，碳纳米线材料与三维结构碳材料例如纳米颗粒材料相比有以下比较明显的优势：首先，一维纳米线电极材料的电子传导能力更强，碳纳米线中的原子与原子之间是直接通过电解液相互传导，而没有太多颗粒之间的界面，因此电子在传输的过程中不需要克服太多的纳米颗粒接触界面的势垒，从而导致了电子在纳米线中的传导速度很快。其次，纳米颗粒排布往往比较紧密，而一维线状结构中线与线之间有着比较多可以用于缓冲体积效应的空间，因此碳纳米线电极材料在超级电容器以及锂离子电池电极的研究中有着重要的地位和非常有意义的潜在应用前景。活性炭纤维（Active Carbon Fiber，ACF）是 20 世纪 70 年代初发展起来的一种吸附能优于活性炭的活性吸附材料。与活性炭相比，活性炭纤维具有独特的微孔结构、更好的比表面积和表面官能团。由于其密度比活性炭粉末低，因此可产生比活性炭更高的质量比容量。同时，在组装的过程中，可以不添加黏结剂，减小内阻。不少研究者已针对活性炭纤维用于 EDLC 展开工作 [97-100]。如日本松下电器公司早期使用活性炭粉为原料制备双电层电容器的电极，后来发展的型号则是用导电性优良、平均孔径 2.0 ～ 5.0 nm 比表面积 1500 ～ 3000 m^2/g 的酚醛活性炭纤维，活性炭纤维的优点是质量比容量高，导电性好，但存在表观密度低的缺点。Miura K. 等人采用热压的方法研制了高密度活性炭纤维，将其作为超级电容器电极，对于尺寸相同的单元电容器，采用高密度活性炭纤维为电极的电容器的电容明显提高。Wang K. P. 等人将聚丙烯腈基碳纤维粉碎用于 EDLC，结果发现粉碎的活性炭纤维更有利于电解质离子的吸附，并且能显著降低电容器内阻。Xu B. 等人以聚丙烯腈基碳纤维作双电层电容器的电极在比表面积为 3291 m^2/g，孔容为 2.16 cm^3/g，其中 66.7% 是 2.0 ～ 5.0 nm 的中孔时，在离子液体电解质中比容量为 187 F/g。现阶段，活性炭纤维已经被欧美发达国家的大公司用作超级电容器电极材料，这也证明了活性炭纤维具备高性能超级电容器材料的特点。

1.4.3 碳纳米管

碳纳米管（Carbon Nanotubes，CNTs）是 1991 年日本专家 Iijima 在高分辨率透射电子显微镜下发现的。

Niu 等人首先将 CNTs 应用于超级电容器，获得了比电容为 49 ～ 113 F/g、比功率大于 8 kW/kg 的 CNTs 电极，显示出其作为超级电容器电极材料的优良性能。之后关于利用 CNTs 作为超级电容器电极材料的报道逐渐增多。江奇等人用 KOH 对 CNTs 进行活化，得到了两端开口、长度较短且管壁粗糙的活性 CNTs。与活化前相比，比表面积由 194.1 m^2/g 增大到 510.5 m^2/g，在 1.0 M $LiClO_4$ /EC +DEC（VEC ∶ VDEC ＝ 1 ∶ 1）电解液中的活化的碳纳米管的比电容比没有活化的提高了 1 倍。北京防化研究院张浩等人认为同普通的无序的 CNTs 相比，垂直生长的 CNTs 阵列具有规则的孔结构和导电通路，因此其有效比表面积较高，离子扩散电阻较低，倍率性能优异，具有更好的应用前景。目前碳纳米管的工业化生产技术还不成熟，这也导致其价格非常高，其在电容器上的应用也处于研究阶段，离实际应用还有一段较长的距离。近些年来，国内外研究者已经研制出一些新型高性能碳电极材料可使 EDLC 比能量和比功率性能进一步提高。

1.4.4 炭气凝胶

炭气凝胶（Carbon Aerogels）是一种新型轻质纳米级多孔性非晶炭素材料，拥有非常丰富的孔隙率，其孔隙率高达 80 % ～ 98 %，典型孔隙尺寸 <50 nm，网络胶体颗粒尺寸 3.0 ～ 20 nm，比表面积达 600 ～ 1000 m^2/g，密度为 0.05 ～ 0.80 g/cm^3，导电性比活性炭要高 1 ～ 2 个数量级，被认为是目前已知最轻的材料，是一种有应用前景的电极材料。另外，还具有光导性和机械性能等许多优异性能，在其他领域也具有广阔的应用前景。炭气凝胶一

般采用间苯二酚和甲醛为原料，二者在碳酸钠催化下发生缩聚反应形成间苯二酚－甲醛（RF）凝胶，用超临界干燥法把孔隙内的溶剂脱除形成 RF 气凝胶，RF 气凝胶在惰性气氛下炭化得到保持其网络结构的炭气凝胶。

炭气凝胶虽然性能优良，但漫长的制备时间、昂贵而复杂的超临界干燥设备制约了它的商品化进程。许多研究者试图采用其他廉价原料和干燥方法代替超临界干燥，以降低成本、缩短生产周期。Hwang S. W. 等人初步探讨了用丙酮交换 / 控制蒸发来代替传统的超临界干燥过程，制得了在 6.0 mol/L H_2SO_4 溶液中比电容达 220 F/g 的炭气凝胶。将炭气凝胶用于有机电解质体系的电容器时，由于在活化过程中产生大量亲水性官能团阻碍了电解液的浸润与传输，比电容得不到提高。为此，Wei Y. Z. 等人将制得的炭气凝胶在 CO_2 气氛下用油酸钠进行改性，增加表面的非极性有机官能团，提高有机电解液在其中的浸润性，使炭气凝胶在有机电解液中的比电容、比能量和比功率提高。目前，Powerstor 公司以炭气凝胶为电极材料，使用有机电解质制得的双电层电容器的电压为 3.0 V，容量为 7.5 F，比能量和比功率分别为 0.4 Wh/kg 和 250 W/kg，实现了炭气凝胶 EDLC 的商品化，但还是受到炭气凝胶制备工艺复杂、制备时间长、成本高等因素的限制。

1.4.5 石墨烯

石墨烯（Graphene）是 2004 年曼彻斯特大学的 Geim 发现的一种新型二维平面纳米材料。理想的单层石墨烯具有超大的比表面积（2630 m^2/g），厚度仅为 0.35 nm，具有良好的电学、力学、光学和热学性质，是很有潜力的储能材料。石墨烯具有良好的导电性，其电子的运动速度达到了光速的 1/300，远远超过了电子在一般导体中的运动速度。石墨烯具有良好的透光性，是传统掺锡氧化铟（Indium Tin Oxide，ITO）膜潜在替代产品。石墨烯具有良好的热学性质，其热导率可达 5000 $Wm^{-1}\ K^{-1}$，是金刚石的 3 倍。石墨烯也具有非常高的力学强度，是已测试材料中最高的，达 130 GPa，是钢的 100 多倍。良好的导电性是其他大比表面积碳质材料很难具有的独特性质，预示着石墨烯很可能是性能极佳的电极材料；而良好的热导性质、光学性质和力学强度，也预示着石墨烯材料可用于超薄型、超微型的电极材料和储能器件。石墨烯是已知强度最高的材料之一，同时还具有很好的韧性，且可以弯曲，石墨烯的理论杨氏模量达 1.0 TPa，固有的拉伸强度为 130 GPa。而利用氢等离子改性的还原石墨烯也具有非常好的强度，平均模量可大 0.25 TPa。由石墨烯薄片组成的石墨纸拥有很多的孔，因而石墨纸显得很脆，然而，经氧化得到功能化石墨烯，再由功能化石墨烯做成石墨纸则会异常坚固强韧。

目前，石墨烯主要的制备方法有机械劈裂法、外延晶体生长法、化学气相沉积法、氧化石墨的热膨胀和还原方法。还有其他一些制备方法也陆续被开发出来，如气相等离子体生长技术、静电沉积法和高温高压合成法等。

石墨烯对物理学基础研究有着特殊意义，它使得一些此前只能在理论上进行论证的量子效应可以通过实验进行验证。在二维的石墨烯中，电子的质量仿佛是不存在的，这种性质使石墨烯成为一种罕见的可用于研究相对论量子力学的凝聚态物质——因为无质量的粒子必须以光速运动，从而必须用相对论量子力学来描述，这为理论物理学家们提供了一个崭新的研究方向：一些原来需要在巨型粒子加速器中进行的实验，可以在小型实验室内用石墨烯进行。零能隙的半导体主要是单层石墨烯，这种电子结构会严重影响到气体分子在其表面上的作用。单层石墨烯较体相石墨表面反应活性增强的功能是由石墨烯的氢化反应和氧化反应结果显示出来的，说明石墨烯的电子结构可以调变其表面的活性。另外，石墨烯的电子结构可以通过气体分子吸附的诱导而发生相应的变化，其不但对载流子的浓度进行改变，还可以掺杂不同的石墨烯。

石墨烯的研究与应用开发持续升温，石墨和石墨烯有关的材料广泛应用在电池电极材料、半导体器件、透明显示屏、传感器、电容器、晶体管等方面。鉴于石墨烯材料优异的性能及其潜在的应用价值，在化学、材料、物理、生物、环境、能源等众多学科领域已取得了一系列重要进展。研究者们致力于在不同领域尝试不同方法以求制备高质量、大面积石墨烯材料。并通过对石墨烯制备工艺的不断优化和改进，降低石墨烯制备成本，使其优异的材料性能得到更广泛的应用，并逐步走向产业化。

1.4.6 碳化物衍生碳

近年来，碳化物衍生碳（Carbide-Derived Carbon，CDC）逐渐受到了科学家的关注。这是一种具有纳米多孔结构的碳化物骨架碳，以二元或多元碳化物为前驱体，通过蚀刻的办法将金属原子剥离，只剩下碳原子，而不改变原来碳化物的结构。CDC 的孔径大小和分布可通过反应参数以及前驱体进行调控，可以得到几乎所有的碳结构，这也使得它在超级电容器电极材料的应用上展现出广阔的应用前景。这样制得的碳化物骨架碳具有十分特殊的纳米多孔结构，具有非常大的比表面积和良好的表面化学活性。随着研究的深入，碳化物衍生碳被证明在超级电容器领域有着十分巨大的应用价值。近些年，这种碳化物骨架碳的应用又扩展到水净化、气体储存、生物工程等诸多领域。碳化物衍生碳的制备方法包括超临界水溢出法、高温卤化法、真空分解法等，其中以高温卤素刻蚀反应为主。在利用高温氯气刻蚀金属碳化物制备 CDC 中，通过控制氯化反应条件可以将碳化物完全转化成为碳的各种同素异形体，已报道的产物有无定形和纳米石墨碳、碳纳米管、富勒烯、碳洋葱、纳米金刚石、有序碳等。在此过程中，金属碳化物的晶格通常起到模板的作用，模板中的金属原子从外到里逐层被提取出来，达到原子控制水平，这对于纳米技术所要求的纳米级精度是非常重要的。此外，通过控制反应温度和其他反应条件，可以进一步改造材料的结构，生产出不同孔径、形状的微孔和介孔碳。过去十几年中，关于合成 CDC 的相关研究已经取得重大进展。许多不同的金属碳化物都可以通过氯化法制备得到 CDC，从复杂的三元碳化物到常见的碳化物都可作为 CDC 前驱体，包括 ZrC、SiC 和 TiC 等。通过氯化反应制备碳化物衍生碳的反应温度为 200 ～ 1200℃，反应机理如下：

$$MeC + x/2Cl_2 = MeCl_x + C \tag{1-16}$$

如图 1.15 所示为高温氯化法制备 CDC 的示意图。通过这种方法制备的 CDC 的孔径较小在 2 nm 左右，孔径分布范围也很窄，最大比表面积可达 2000

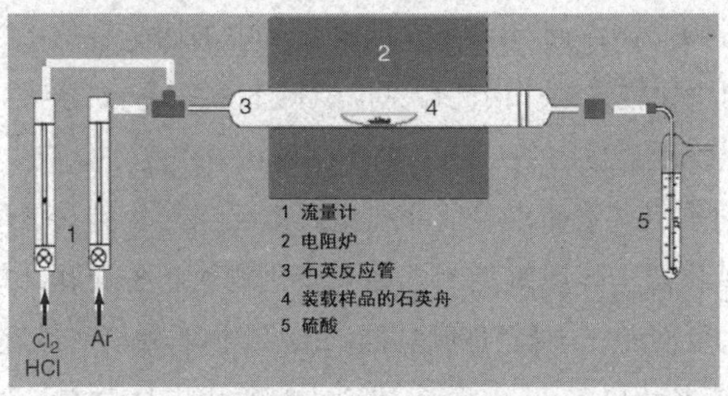

图 1.15　碳化物衍生碳制备示意图

m^2/g。

对于 TiC-CDC 的电化学性能的研究，证实了 CDC 是非常有价值的超级电容器电极材料。起初，以 CDC 为电极材料的电容器的性能并不是很好，随后的研究结果发现，电容值的大小与 CDC 的前驱体结构密切相关。例如在同样浓度的 KOH 电解液中，分别对 Al_3C_4-CDC 和 SiC-CDC 材料进行电化学测量，它们的比电容值分别为 260 F/g 和 200 F/g；在同样浓度的有机电解液中，TiC-CDC 和 B4C-CDC 的电容值分别为 100 F/g 和 75 F/g。Jänes A. 等人对不同前驱体制备的 CDC 的电化学性能进行研究发现，材料的电化学性能取决于制备 CDC 的前驱体结构。Chmiola J. 等人对 ZrC-CDC 和 TiC-CDC 的电化学性能进行了研究，比电容值分别高达 190 F/g 和 150 F/g，同时这篇报道还指出只有当孔径尺寸与电解质离子的大小相吻合时，才能最大限度地发挥材料的电化学性能，其原理如图 1.16 所示。

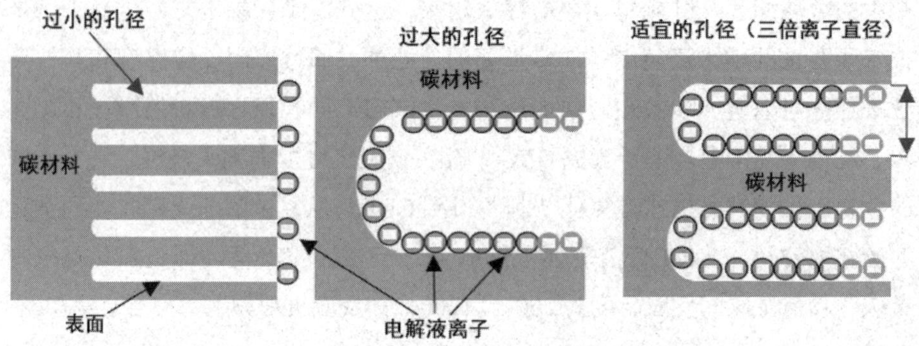

图 1.16 电解质离子在不同孔径电极材料中的吸附图

从以上研究可以看出，CDC 的电化学性能优于绝大部分的活性炭和碳纳米管（20 ～ 100 F/g），而且其在有机电介质中的比电容值 140 F/g，也是目前所有碳材料中比较大的。由此可见，CDC 材料在超级电容器方面的应用拥有广阔的前景，而改良制备工艺、提高材料功率密度、降低生产成本是该方向今后研究的重点。然而，目前介孔金属碳化物衍生碳（CDCs）材料的制备主要采用氯化法，即用氯气刻蚀金属碳化物而制备介孔结构 CDCs 材料，氯化刻蚀的主要问题在于氯气的腐蚀及二次产物的处理。最近，美国 Drexel University 的著名教授 Y. Gogotsi 等研究人员采用电化学方法在 HF/HCl 等溶液中成功实现了从金属碳化物 /MAX 相合成介孔 CDCs 材料。其核心理念是通过电化学刻蚀技术实现碳化物中金属原子的去除，从而实现非氯化条件下介孔 CDCs 材料的绿色合成。这一电化学刻蚀重构技术对碳基材料微纳结构的可控构筑带来了新的思路。但低温电化学刻蚀的速率受到限制，同时，低温刻蚀对强酸的依赖也使其受到制约。2016 年，英国 Cambridge University 的著名教授 D. J. Fray 等研究人员采用熔盐电化学方法在 LiCl 熔盐中成功实现了由石墨坩埚合成石墨烯材料。如能直接通过高温熔盐电化学刻蚀构筑介孔、微孔等微纳结构，将大大提高刻蚀效率，同时实现绿色化刻蚀构筑。但类似的以高温熔盐电化学刻蚀方法制备碳材料目前很少有文献报道，其刻蚀机理及控制机制仍待探索。

参考文献

[1] Conway B E．Electrochemical Capacitor[M]．New York：Plenum Press，1999：2-9.

[2] Simon P，Gogotsi Y．Materials for electrochemical capacitors[J]．Nature Materials，2008，7（11）：846.

[3] Frackowiak E，Beguin F．Carbon materials for the electrochemical storage of energy in capacitors[J]．Carbon，2001，39（6）：937-950.

[4] 张永健，雷 · 杜诺德．铝从 $AlCl_3$-NaCl-CsCl 熔体中析出的电化学研究 [J]. 中国政治学院学报，1986，48（2）：37-43.

[5] 张永健，江名喜．氯化镁电解过程中碱金属的行为 [J]．中南工业大学学报，1996，27（45）：538-542.

[6] 杨重愚．轻金属冶金学 [M]．北京：冶金工业出版社，1991：113.

[7] 张士宪，赵晓萍，时彦林．熔盐的应用及发展前景 [J]．中小企业管理与科技，2017（5）：126-127.

[8] Chen G Z，Fray D J，Farthing T W．Direct electrochemical reduction of titanium dioxide to titanium in molten calcium chloride[J]．Nature，2000，407（6802）：361-364.

[9] Wang D H，Jin X B，Chen G Z．Solid state reactions：an electrochemical

approach in molten salts[J]. Annual Reports on the Progress of Chemistry, Section C，2008（104）: 189-234.

[10]Schwandt C，Fray D J. Determination of the kinetic pathway in the electrochemical reduction of titanium dioxide in molten calcium chloride[J]. Electrochimica Acta，2005，51（1）: 66-76.

[11]Chen G Z ，Fray D J，Farthing T W. Cathodic deoxygenation of the alpha case on titanium and alloys in molten calcium chloride[J]. Metallurgical and Materials Transactions B，2001，32（6）: 1041-1052.

[12]Jin X，Gao P，Wang D，Hu X，et al. Electrochemical preparation of silicon and its alloys from solid oxides in molten calcium chloride[J]. Angewandte Chemie International Edition，2004，43（6）: 733-736.

[13]Wang S，Li，Y. Reaction mechanism of direct electro-reduction of titanium dioxide in molten calcium chloride[J]. Journal of Electroanalytical Chemistry，2004，571（1）: 37-42.

[14]Deng Y，Wang D，Xiao W，et al. Electrochemistry at conductor/insulator/electrolyte three-phase interlines : a thin layer model[J]. The Journal of Physical Chemistry B，2005，109（29）: 14043-14051.

[15]Xiao W，Jin X，Deng Y，et al. Three-Phase Interlines Electrochemically Driven into Insulator Compounds : A Penetration Model and Its Verification by Electroreduction of Solid AgCl[J]. Chemistry-A European Journal，2007，13（2）: 604-612.

[16]Xiao W，Jin X，Deng Y，et al. Electrochemically Driven Three-Phase Interlines into Insulator Compounds : Electroreduction of Solid SiO_2 in Molten $CaCl_2$[J]. ChemPhysChem，2006，7（8）: 1750-1758.

[17]Xu Q，Deng L Q，Wu Y，et al. A study of cathode improvement for electro-deoxidation of Nb_2O_5 in a eutectic $CaCl_2$-NaCl melt at 1073K[J]. Journal of alloys and compounds，2005，396（1）: 288-294.

[18]Song Q S，Xu Q，Kang X，et al. Mechanistic insight of electrochemical reduction of Ta_2O_5 to tantalum in a eutectic $CaCl_2$–NaCl molten salt[J].

Journal of Alloys and Compounds，2010，490（1）：241-246.

[19]Jackson B K，Inman D，Jackson M，et al. NiTi production via the FFC Cambridge process：refinement of process parameters[J]. Journal of the Electrochemical Society，2010，157（3）：E36-E43.

[20]Mohandas K S，Fray D J. Electrochemical deoxidation of solid zirconium dioxide in molten calcium chloride[J]. Metallurgical and Materials Transactions B，2009，40（5）：685-699.

[21]Tan S，Örs T，Aydınol M K，et al. Synthesis of FeTi from mixed oxide precursors[J]. Journal of Alloys and Compounds，2009，475（1）：368-372.

[22]Wang Y，Zhu X，Zhang L，et al. Reaction kinetics and ablation properties of C/C-ZrC composites fabricated by reactive melt infiltration[J]. Ceramics International，2011，37（4）：1277-1283.

[23]Pal U B，Woolley D E，Kenney G B. Emerging SOM technology for the green synthesis of metals from oxides[J]. JOM，2001，53（10）：32-35.

[24]Zou X，Lu X，Zhou Z，et al. Direct selective extraction of titanium silicide Ti_5Si_3 from multi-component Ti-bearing compounds in molten salt by an electrochemical process[J]. Electrochimica Acta，2011，56（24）：8430-8437.

[25] 鲁雄刚，邹星礼．熔盐电解制备难熔金属及合金的回顾与展望 [J]．自然杂志，2013，35（2）：97-104.

[26]Lu X，Zou X，Li C，et al. Green electrochemical process solid-oxide oxygen-ion-conducting membrane（SOM）：direct extraction of Ti-Fe alloys from natural ilmenite[J]. Metallurgical and Materials Transactions B，2012，43（3）：503-512.

[27]Juzeliunas E，Cox A，Fray D J. Electro-deoxidation of thin silica layer in molten salt-Globular structures with effective light absorbance[J]. Electrochimica Acta，2012（68）：123-127.

[28]Krishnan A，Pal U B，Lu X G. Solid oxide membrane process for

magnesium production directly from magnesium oxide[J]. Metallurgical and Materials Transactions B，2005，36（4）：463-473.

[29]Lu X，Zou X，Li C，et al. Green electrochemical process solid-oxide oxygen-ion-conducting membrane（SOM）：direct extraction of Ti-Fe alloys from natural ilmenite[J]. Metallurgical and Materials Transactions B，2012，43（3）：503-512.

[30]Schwandt C，Fray D J. Determination of the kinetic pathway in the electrochemical reduction of titanium dioxide in molten calcium chloride[J]. Electrochimica Acta，2005，51（1）：66-76.

[31]Zou X L，Lu X G，Li C H，et al. Electrochemical extraction of Fe-Ti-Si alloys direct from Ti bearing compound ores[J]. Mineral Processing and Extractive Metallurgy，2011，120（2）：118-124.

[32] 谷山林，邹星礼，鲁雄刚. SOM 法从 Co_3O_4 制备金属 Co[J]. 功能材料，2014，45（20）：20118-20126.

[33]Zou X，Lu X，Zhou Z，et al. Direct electrosynthesis of Ti_5Si_3/TiC composites from their oxides/C precursors in molten calcium chloride[J]. Electrochemistry communications，2012（21）：9-13.

[34] Massot L，Chamelot P，Bouyer F，et al. Electrodeposition of carbon films from molten alkaline fluoride media[J]. Electrochimica Acta，2002，47（12）：1949-1957.

[35]Kawamura H，Ito Y. Electrodeposition of cohesive carbon films on aluminum in a LiCl-KCl-K_2CO_3 melt[J]. Journal of applied electrochemistry，2000，30（5）：571-574.

[36]Massot L，Chamelot P，Bouyer F，et al. Studies of carbon nucleation phenomena in molten alkaline fluoride media[J]. Electrochimica Acta，2003，48（5）：465-471.

[37]Kaplan B，Groult H，Barhoun A，et al. Synthesis and structural characterization of carbon powder by electrolytic reduction of molten $Li_2CO_3Na_2CO_3$-K_2CO_3[J]. Journal of The Electrochemical Society，2002，149（5）：D72-D78.

[38] Ito Y．Formation of a carbon film by the molten salt electrochemical process and its applications[J]．Carbon，2011，49（14）：4954-4955.

[39] 王维邦．耐火材料工艺学 [M]．北京：冶金工业出版社，2006.

[40] Hugh O．Handbook of refractory carbides and nitrides[M]．New Jersey：Noyes Publications，1996：100-117.

[41] Kwon H，Thompson L，Eng J，et al．N-butane dehydrogenation over vanadium carbides：Correlating catalytic and electronic properties[J]．Journal of Catalysis，2000，190（1）：60-68.

[42] Storms E K．The refractory carbides[M]．Salt Lake City：Academic Press，1967.

[43] Toth L．Transition metal carbides and nitrides[M]．Elsevier，2014.

[44] Compaan A D．Photovoltaics：clean power for the 21st century[J]．Solar Energy Materials and Solar Cells，2006，90（15）：2170-2180.

[45] Goetzberger A，Hebling C，Schock H W．Photovoltaic materials，history，status and outlook[J]．Materials Science and Engineering．R：Reports，2003，40（1）：1-46.

[46] 李鹏．碳化硅等含硅纳米材料的溶剂热合成 [D]．济南：山东大学，2008.

[47] 张荣，施洪涛，余是东，等．蓝光半导体碳化硅——材料、器件和工艺 [J]．固体电子学研究与进展，1996，16（2）：94-102.

[48]Baliga B J．Power semiconductor devices[J]．Boston：PWS Publishing Company，1996.

[49]Casady J，Johnson R W．Status of silicon carbide（SiC）as a wide-bandgap semiconductor for high-temperature applications：A review[J]．Solid-State Electronics，1996，39（10）：1409-1422.

[50]Treu M，Rupp R，Blaschitz P，et al．Commercial SiC device processing：Status and requirements with respect to SiC based power devices[J]．Superlattices and Microstructures，2006，40（4）：380-387.

[51]Sha J，Park J，Hinoki T，et al．Bend stress relaxation of advanced SiC-

based fibers and its prediction to tensile creep[J]. Mechanics of Materials, 2007, 39（2）: 175-182.

[52]Mehregany M, Zorman C A. SiC MEMS : Opportunities and challenges for applications in harsh environments[J]. Thin Solid Films, 1999（355）: 518-524.

[53]Djenkal D, Goeuriot D, Thevenot F. SiC-reinforcement of an Al_2O_3–γ AlON composite[J]. Journal of the European Ceramic Society, 2000, 20（14）: 2585-2590.

[54]Müller G, Krötz G, Niemann E. SiC for sensors and high-temperature electronics[J]. Sensors and Actuators A. Physical, 1994, 43（1）: 259-268.

[55]Dimitrijev S, Jamet P. Advances in SiC power mosfet technology[J]. Microelectronics Reliability, 2003, 43（2）: 225-233.

[56]Yangzhen L, Yehua J, Rong Z. First-Principles Study on Stability and Mechanical Properties of Cr_7C_3[J]. Rare Metal Materials and Engineering, 2014, 43（12）: 2903-2907.

[57] 马淑红，焦照勇，黄肖芬，等. TaC 和 Ta_2C 结构稳定性、电子结构及力学性能的研究 [J]. 原子与分子物理学报，2014（1）: 149-154.

[58]Jhi S H, Louie S G, Cohen M L, et al. Vacancy hardening and softening in transition metal carbides and nitrides[J]. Physical Review Letters, 2001, 86（15）: 3348.

[59]Khyzhun O Y, Zhurakovsky E A, Sinelnichenko A K, et al. Electronic structure of tantalum subcarbides studied by XPS, XES, and XAS methods[J]. Journal of electron spectroscopy and related phenomena, 1996, 82（3）: 179-192.

[60]Woo Y C, Kang H J, Kim D J. Formation of TiC particle during carbothermal reduction of TiO_2[J]. Journal of the European Ceramic Society, 2007, 27（2）: 719-722.

[61]Preiss H, Schultze D, Szulzewsky K. Carbothermal synthesis of vanadium

and chromium carbides from solution-derived precursors[J]. Journal of the European Ceramic Society，1999，19（2）：187-194.

[62]Lei M，Zhao H，Yang H，et al. Synthesis of transition metal carbide nanoparticles through melamine and metal oxides[J]. Journal of the European Ceramic Society，2008，28（8）：1671-1677.

[63]Pfund A H. The optical properties of metallic and crystalline powders[J]. JOSA，1933，23（10）：375-378.

[64]Zergioti I，Hatziapostolou A，Hontzopoulos E，et al. Pyrolytic laser-based chemical vapour deposition of TiC coatings[J]. Thin Solid Films，1995，271（1）：96-100.

[65]Fitzsimmons M，Sarin V K. Development of CVD WC-Co coatings[J]. Surface and Coatings Technology，2001，137（2）：158-163.

[66]Norin L，Jansson U，Carlsson J O. Chemical vapour deposition of molybdenum carbides using C_{60} as a carbon source[J]. Thin Solid Films，1997，293（1）：133-137.

[67]Pierson H O. Processing of refractory carbides and nitrides（coatings）[J]. Noyes Publications Westwood. N J，1996（15）：290-290.

[68]Tsuchida T，Kakuta T. MA-SHS of NbC and NbB_2 in air from the Nb/B/C powder mixtures[J]. Journal of the European Ceramic Society，2007，27（2）：527-530.

[69]Contreras L，Turrillas X，Vaughan G，et al. Time-resolved XRD study of TiC-TiB_2 composites obtained by SHS[J]. Acta Materialia，2004，52（16）：4783-4790.

[70]Taheri-Nassaj E，Mirhosseini S. An in situ WC-Ni composite fabricated by the SHS method[J]. Journal of Materials Processing Technology，2003，142（2）：422-426.

[71]Bolokang S，Banganayi C，Phasha M. Effect of C and milling parameters on the synthesis of WC powders by mechanical alloying[J]. International Journal of Refractory Metals and Hard Materials，2010，28（2）：211-216.

[72]Patel P，Kim I S，Kumta P. Nanocomposites of silicon/titanium carbide synthesized using high-energy mechanical milling for use as anodes in lithium-ion batteries[J]. Materials Science and Engineering，B，2005，116（3）：347-352.

[73]Arceo L D B，Orozco E，Mendoza-León H，et al. Nanostructures obtained from a mechanically alloyed and heat treated molybdenum carbide[J]. Journal of Alloys and Compounds，2007，434：799-802.

[74]Ramkumar J，Aravindan S，Malhotra S，et al. Enhancing the metallurgical properties of WC insert（K-20）cutting tool through microwave treatment[J]. Materials Letters，2002，53（3）：200-204.

[75]Sunil B R，Sivaprahasam D，Subasri R. Microwave sintering of nanocrystalline WC-12Co：Challenges and perspectives[J]. International Journal of Refractory Metals and Hard Materials，2010，28（2）：180-186.

[76]Golkar G，Zebarjad S. Optimizing the ignition behavior of microwave-combustion synthesized Al_2O_3/TiC composite using Taguchi robust design method[J]. Journal of Alloys and Compounds，2009，487（1）：751-757.

[77]Vallance S R，Kingman S，Gregory D H. Ultrarapid materials processing：Synthesis of tungsten carbide on subminute timescales[J]. Advanced Materials，2007，19（1）：138-142.

[78]Vallance S R，Kingman S，Gregory D H. Ultra-rapid processing of refractory carbides；20s synthesis of molybdenum carbide，Mo_2C[J]. Chemical Communications，2007（7）：742-744.

[79]Oyama S T，Schlatter J C，Metcalfe III J E，et al. Preparation and characterization of early transition metal carbides and nitrides[J]. Industrial & Engineering Chemistry Research，1988，27（9）：1639-1648.

[80]Volpe L，Boudart M. Compounds of molybdenum and tungsten with high specific surface area[J]. J. Solid State Chem，1985（59）：332.

[81]Liang C H，Ying P L，Li C，et al. Nanostructure β-Mo_2C prepared by carbothermal hydrogen reduction on ultrahigh surface area carbon material[J].

Chem．Mater，2003（15）：4846-4853.

[82]Parsons B，Loomis G L．Process for impregnating a porous material with a cross-linkable composition：U．S．Patent 6，521，284[P]．2003-2-18.

[83] 杨亚政，杨嘉陵，曾涛，等．轻质多孔材料研究进展 [J]．力学季刊，2007（4）：503-516.

[84]Wang J，Oschatz M，Biemelt T，et al．Synthesis，characterization，and hydrogen storage capacities of hierarchical porous carbide derived carbon monolith[J]．Journal of Materials Chemistry，2012，22（45）：23893-23899.

[85]Cheng G，Long D H，Liu X J，et al．Fabrication of hierarchical porous carbide-derived carbons by chlorination of mesoporous titanium carbides[J]．New Carbon Materials，2009，24（3）：243-250.

[86] 张雷，庞晓露，高克玮．利用反应烧结法制备多孔碳化物陶瓷 [J]．工程科学学报，2015（6）：751-756.

[87]Kaus M，Kowal J，Sauer D U．Modelling the effects of charge redistribution during self-discharge of supercapacitors[J]．Electrochimica Acta，2010，55（25）：7516-7523.

[88]Frackowiak E，Béguin F．Carbon materials for the electrochemical storage of energy in Capacitors[J]．Carbon，2001，39（6）：937-950.

[89] 袁定胜，胡向春，刘应亮，等．超级电容器用炭材料的研究进展 [J]．电池，2007，37（6）：466-468.

[90]Burke A．R&D considerations for the performance and application of electrochemical capacitors[J]．Electrochimica Acta，2007，53（3）：1083-1091.

[91] 杨全红，唐致远．新型储能材料——石墨烯的储能特性及其前景展望 [J]．电源技术，2009，33（4）：241-244.

[92]Yuan G H，Jiang Z H，Aramata A，et al．Electrochemical behavior of activated-carbon capacitor material loaded with nickel oxide[J]．Carbon，2005，43（14）：2913-2917.

[93]Qu D，Shi H. Studies of the activated carbons used in double-layer supercapacitors[J]. Journal of Power Sources，1998，74（1）：99-107.

[94]Chmiola J，Yushin G，Gogotsi Y，et al. Anomalous Increase in Carbon Capacitance at Pore Sizes Less Than 1 Nanometer[J]. Science，2006，313（5794）：1760-1763.

[95]Yata S，Okamoto E，Satake H，et al. Polyacene capacitors[J]. Journal of Power Sources，1996，60（2）：207-212.

[96]Mitani S，Lee S I，Yoon S H，et al. Activation of raw pitch coke with alkali hydroxide to prepare high performance carbon for electric double layer capacitor[J]. Journal of Power Sources，2004，133（2）：298-301.

[97]Biniak S，Bozena D，Janusz S. Electrochemical behaviour of carbon fibre electrodes in various electrolytes. Double-layer capacitance[J]. Carbon，1995，33（9）：1255-1263.

[98]Tanahashi I，Yoshida A，Nishino A. Activated carbon fiber sheets as polarizable electrodes of electric double layer capacitors[J]. Carbon，1990，28（4）：477-482.

[99] Xu B，Wu F，Chen S，et al. Activated carbon fiber cloths as electrodes for high performance electric double layer capacitors[J]. Electrochimica Acta，2007，52（13）：4595-4598.

[100]Merino C，Soto P，Vilaplana-Ortego E，et al. Carbon nanofibres and activated carbon nanofibres as electrodes in supercapacitors[J]. Carbon，2005，43（3）：551-557.

第 2 章　碳基材料制备、分析与性能检测方法

2.1 实验原料及仪器设备

本章对实验所用原料仪器、制备方法、性能评价方法及装置等进行介绍，并对书中所采用的表征手段及相关仪器和使用条件进行了描述。

2.1.1 化学试剂

书中所使用的化学试剂的名称、产地和级别如表 2.1 所示。所有试剂购买后直接使用，没有经过进一步的纯化，实验过程中所用的水均为去离子水。

表 2.1　实验过程中所用的化学试剂

试剂名称	试剂来源	级别
SiO_2	阿拉丁	分析纯
碳粉	阿拉丁	分析纯
聚乙烯醇缩丁醛 PVB	阿拉丁	分析纯
TiO_2	国药集团化学试剂有限公司	分析纯
$CaCl_2$	国药集团化学试剂有限公司	分析纯
SiC	福斯曼	
Ti_3SiC_2	福斯曼	
无水乙醇	国药集团化学试剂有限公司	分析纯
盐酸	国药集团化学试剂有限公司	分析纯
Ar	上海五钢气体有限公司	99.999%
PTFE（聚四氟乙烯）	力之源电池销售部	工业级，60% 乳液
泡沫镍	力之源电池销售部	电池级
Cr_2O_3	上海国药集团化学试剂有限公司	分析纯

2.1.2 仪器设备

表 2.2 实验仪器及生产厂家

设备名称及型号	厂家
HCP-803 型电化学工作站	Bio-Logic 公司
新威尔 CT-4008 电池测试系统	深圳市新威尔电子有限公司
真空干燥箱	上海一恒科学仪器有限公司
电热恒温鼓风干燥箱	上海一恒科学仪器有限公司
电子天平	梅特勒 - 托利多仪器（上海）有限公司
高温管式炉	上海广益高温技术实业公司
VHX-1000C 宏观体式显微镜	日本 KEYENCE
生化培养箱 LRH-150	上海齐欣科学仪器有限公司
粉末压片机	天津市科器高新技术公司
涂膜器	深圳市科晶智达科技有限公司

2.2 电解电极的制备

2.2.1 电极的制备

1. 阴极的制备

本实验所需的阴极前驱体具有如下的制备步骤：

（1）将所需的氧化物及碳粉原料按照产物所需的摩尔比进行称量，并添加适量比例的黏结剂（PVB），然后将称量后的原始粉料置于球磨罐中充分混合均匀。

（2）称取适量的混料放入压片模具中，放置在压力机上并施加一定的压力，使混料压制成片状。必须注意的是，实验中压力机施加压力的大小对实验结果会产生直接的影响。当混料受到模具的压力作用时，混料颗粒之间的空隙会变小，在压力及黏结剂的双重作用下，原来松散的混料会具有一定的机械强度。当压片压力过小时，混料过于松散，机械强度较低，在电解时易粉化，不利于电解过程及产物的收集。当压力过大时，会使得阴极片中的孔隙率过小，不利于熔盐的进入及氧离子的迁移，大大降低电解效率。所以，选取合适的施加压力对于电解过程是十分重要的。

（3）将压制好的阴极片用泡沫镍包裹好，这样不仅对阴极片有较好的支撑作用，还可以提高电极与阴极片的接触面积。然后用铁铬铝丝将包裹好的阴极片缠绕引出制成电解池阴极。阴极的制作流程如图 2.1 所示。

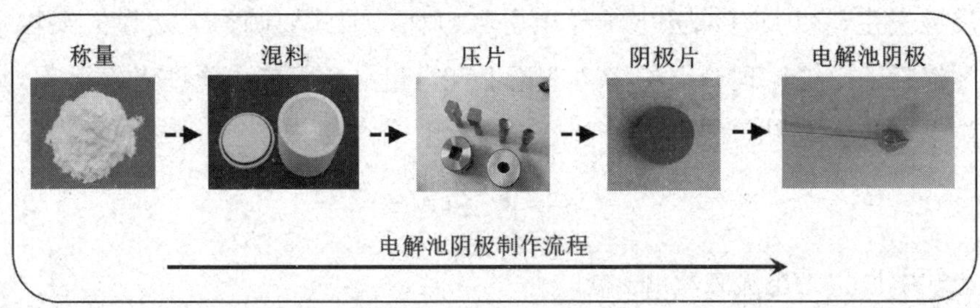

图 2.1 阴极制作示意图

2. 阳极的制备

本实验中的阳极主要由 SOM 透氧膜管、锡颗粒、碳粉、铁铬铝丝导线等组成。首先将锡颗粒放入固体透氧膜管中，然后加入一定量的碳粉，再将铁铬铝丝插入透氧膜管中引出，作为电极导线 [1]。

阳极的具体制备如图 2.2 所示。

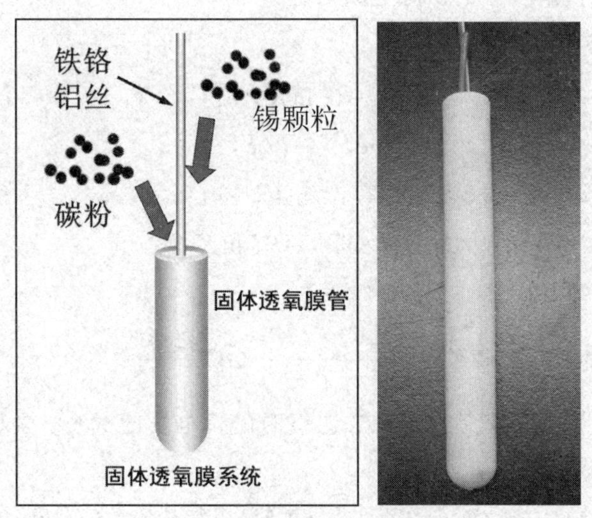

图 2.2 阳极制作示意图及其实物图

2.2.2 电解参数分析

1. 电流效率的计算

SOM 法发展的主要目的就是为了改善电解过程的电流效率，提高电解速率，所以电解过程中关于电解速率方面的参数表征尤为重要。电流效率反映了电化学还原反应能量的有效利用率。在电化学还原过程中，电极上常伴有副反应发生，以及有部分电子导电引起电耗，因此要制得一定量的某物质，实际消耗的电能比理论上的多。理论上耗电量与实际耗电量两者之比称为电流效率，其公式[2]可表示为：

$$\eta = \frac{Q_F}{Q_S} \times 100\% \tag{2-1}$$

式中：η 为电流效率（%）；

Q_F 为按法拉第定律计算的理论电量；

Q_S 为实际消耗的电量，由电流－时间曲线的积分而得。

此外背景电流（剩余电流）的大小将直接影响电流效率，背景电流的测量采用相同面积的泡沫镍（不包括氧化物（或氧化物 / 碳粉混合物）阴极片）作为空白阴极测试电流。电解时间的确定原则为根据计算得出需要电解的氧化物理论耗电量 Q_F，然后参考电解过程中耗电量的多少以及电流曲线的具体走势，来判断电解实验的实际完成情况。

2. 吉布斯自由能函数的计算

$$\Delta G_T^\theta = -RT\ln K_P \tag{2-2}$$

$$\Delta G_T^\theta = \Delta H_T^\theta - T\Delta S_T^\theta \tag{2-3}$$

由式（2-2）及（2-3）可推算得式（2-4）：

$$\Delta H_T^\theta - T\Delta S_T^\theta = -RT\ln K_P \tag{2-4}$$

由式（2-4）可变换得到式（2-5）：

$$R\ln K_p = -\frac{\Delta H_T^\theta - \Delta H_{T_o}^\theta}{T} + \Delta S_T^\theta - \frac{\Delta H_{T_o}^\theta}{T} \tag{2-5}$$

（ΔH_T^θ与$\Delta H_{T_o}^\theta$分别是在 T 与 T_O 温度时的标准反应焓变；为反应在 T 温度时的标准反应熵差。）

由式（2-2）、（2-3）、（2-4）及（2-5）可得式（2-6）与（2-7）：

$$\Delta G_T^\theta = \Delta H_{T_o}^\theta - T\left(-\frac{\Delta H_{T_o}^\theta - \Delta H_{T_o}^\theta}{T} + \Delta S_T^\theta\right) \tag{2-6}$$

$$\Delta G^\theta = -nFE \tag{2-7}$$

由式（2-7）便可计算出理论分解电压。计算所采用的数据主要来自第二版《实用无机物热力学数据手册》[3]并结合 HSC Chemistry 6.0 热力学软件[4]

进行相关热力学计算。

2.2.3 熔盐预处理

在电解实验过程中，水对整个实验的影响是非常严重、不可忽略的。而本实验中所使用的无水 $CaCl_2$ 熔盐具有极强的吸水性，通常被用于充当干燥剂及吸水剂。为了获得理想的实验结果，在进行电解实验前，需对无水 $CaCl_2$ 进行预处理，通过预处理可以去除 $CaCl_2$ 熔盐中的大部分自由水和结晶水。

无水 $CaCl_2$ 在空气中升温过程的 TG−DSC 曲线如图 2.3 所示，其实验条件为在空气中以 10℃ /min 的速率从室温升到 600℃，其中采用 N_2 充当保护气体。

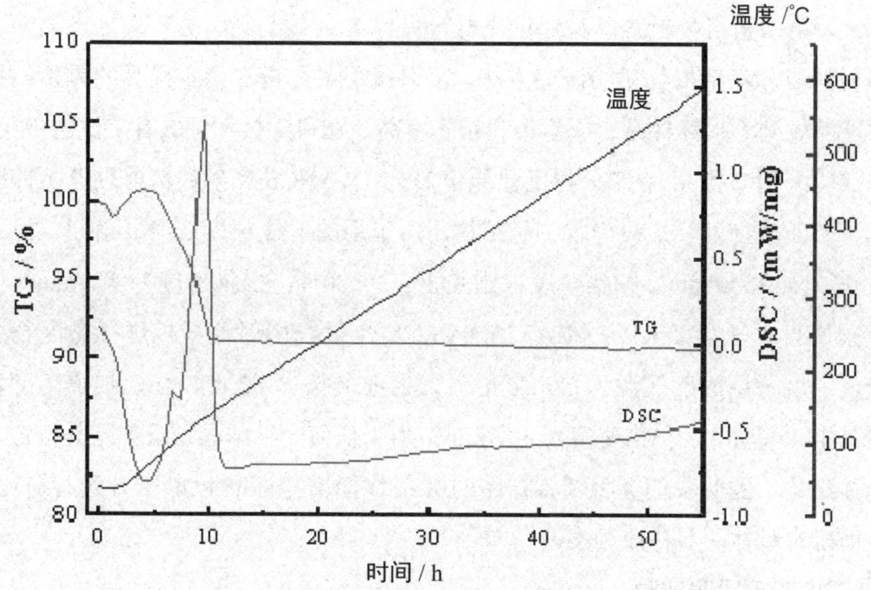

图 2.3　$CaCl_2$ 在空气中升温过程的 TG-DSC 曲线

由图 2.3 可知，在升温过程中，$CaCl_2$ 的重量在 50 ～ 120℃中间有明显的下降，随后趋于稳定。温度由 100℃升高至 300℃的过程中，有一明显的吸热峰（DSC 曲线所示）。这主要是因为 $CaCl_2$ 在这一温度期间发生快速脱水所造成的。综上所述可知，在 100 ～ 300 ℃之间时，对氯化钙熔盐进行热处理，可以有效去除氯化钙中的结晶水和自由水，当到达 300℃的温度时，$CaCl_2$ 熔盐中的结晶水和自由水几乎可以完全除去。所以，根据实际实验过程中熔盐的用量，制订出对熔盐的预处理方案：将称好的熔盐放在电解槽的刚玉坩埚内，再通入高纯氩气进行保护，300℃下保温 5 h。

2.2.4 电解产物的收集处理

电解实验结束后，待电解炉温度冷却至室温后取出电解产物，使用自来水和去离子水对产物进行冲洗，以至去除产物中残留的 $CaCl_2$ 熔盐，然后将产物烘干收集，为进一步检测作准备。

2.3 样品的表征与测试

2.3.1 X 射线衍射（XRD）

X 射线衍射分析是一种通过对材料进行 X 射线衍射，分析衍射图谱，获得材料成分和结构物相的研究方法。X 射线衍射分析在测定样品的晶体结构时能够做到不损坏样品、无污染和精确度高，在科学技术领域有广泛的应用。本实验采用布鲁克 AXS 公司高温原位 D8 ADVANCE X 射线衍射仪分析前驱体、中间产物以及最终产物物相结构。所采用的射线源为 Cu Kα 射线，射线波长 λ=0.15406nm，扫描角度范围是 10 °～ 90 °，扫描速度为 4° /min。同时采用日本理学 18KW D/MAX2500V+/PC X 射线衍射仪分析进行微区物相分析。所采用的射线源为 Cu Kα 射线，射线波长 λ=0.154 nm，扫描角度范围是 10 °～ 90 °，扫描速度为 4 ° /min。由于任何一种结晶物质都有其特定的晶体结构，因此我们会将制备样品的 X 射线图谱与标准 PDF 卡片进行对比，从而确定晶体的名称或种类。

2.3.2 N_2 物理吸附实验

N_2 的吸脱附等温曲线采用美国麦克仪器公司 ASAP2020 型吸附仪在 -196 ℃下测定。测试之前，样品在 150℃脱气 6 h。用相对压力 0.05 ～ 0.25 之间的吸附数据通过 BET 方法计算样品的比表面积（S_{BET}）。孔径分布（PSD）使用等温曲线的脱附支和 BJH 方法计算，平均孔尺寸（D_a）也由 BJH 方法计算得到。孔径（D_p）为孔径分布曲线的峰值对应的孔尺寸。孔体积（V_p）由相对压力 0.990 的单点值计算得到。

2.3.3 扫描电镜（SEM）分析及能谱（EDS）分析

扫描电子显微镜是一种直观观察样品的形貌、结构的手段。本实验所使用的是日本 JEOL 公司 JSM-6700F 场发射扫描电镜来观察前驱体以及产物形貌。对于导电性不好的复合材料采用喷金处理。喷金时长为 30 s，喷金厚度约为 2 ～ 3 nm。扫描电子显微镜自带的电子散射能谱（Energy Dispersive Spectrometer，EDS）能够半定量地分析多孔碳材料的元素含量分布。

2.3.4 透射电子显微镜（TEM）

透射电镜分析是在日本 JEOL 公司生产的 JEM-2100 型高分辨透射电子显微镜上进行的，加速电压 200 kV。本书中进行透射观察的试样均为粉末，其制样过程主要步骤如下：取少量粉末样品于无水乙醇中进行超声分散，用滴管吸取上层悬浊液，逐滴滴在铜微栅支撑的骨架上，待乙醇挥发后进行 TEM 观测。

2.3.5 拉曼光谱分析（Raman）

拉曼光谱分析采用英国 RENISHAW 公司生产的 INVIA 型显微共焦激光拉曼光谱仪。激光光源为氩离子，发射波长为 514 nm，输出功率为 10 mW，使用 50 倍光学物镜进行信号收集（～ 1 μm 光斑）。测试范围为 500 ～ 2500 cm^{-1}，功率 10 mW 衰减到 10 %，每个点进行五次循环扫描叠加作为检测结果。

2.3.6 循环伏安测试

采用 BioLogic HCP-803 大电流电化学工作站对前驱体（SiO_2/C）进行循环伏安测试。循环伏安测试采用三电极体系：工作电极采用本实验室自行制备的一种可以将粉末样品直接在 Mo 片表面进行填充的 Mo 腔电极充当，以 YSZ 管内添加碳饱和锡液作为对电极，高纯 Pt 丝（直径为 1.0 mm）为参比电极，对所需研究的前驱体进行循环伏安测试，根据氧化还原峰的特征分析前驱体在电解过程中所发生的反应机理。在进行循环伏安测试过程中，所采用的 Mo 腔工作电极及 Pt 丝参比电极如图 2.4 所示。

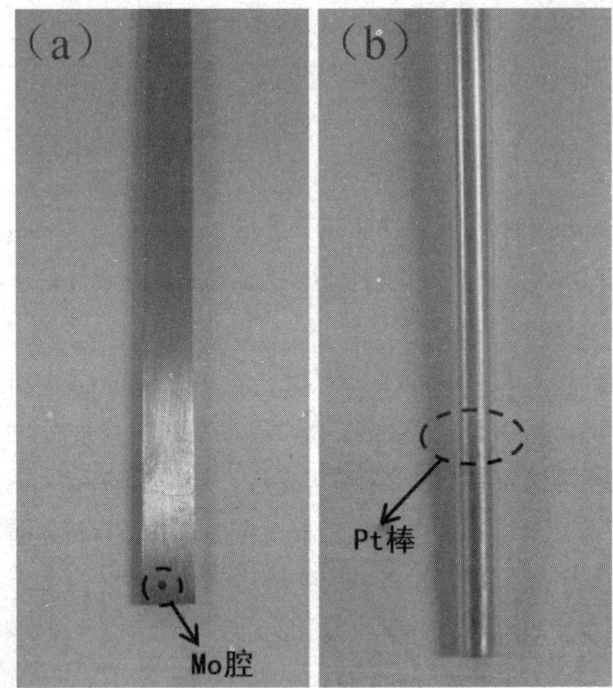

图 2.4 Mo 腔及 Pt 丝电极示意图
(a) Mo 腔微孔电极(Φ= 0.1 mm),(b) Pt 丝电极(Φ= 1.0 mm)

2.4 超级电容器性能测试

2.4.1 电极片的制备

超级电容器电极的制备：将 6% 的 PTFE 乳液作为黏接剂加入制备得到的电极碳材料中，混合均匀后将获得的浆料均匀地涂敷在镍箔的表面，然后放入真空烘箱中，在 60℃下烘干 12 h 后取出。利用冲片机对涂有浆料的镍箔冲片，获得直径为 9 mm 的圆片，即电极片，涂覆质量约 5 mg。因为制备的电极碳材料比表面积大且导电性较好，所以无须额外添加乙炔黑等导电材料。超级电容性能测试前需提前将电极片置入电解液中浸泡 12 h，以达到充分浸润的效果。

2.4.2 扣式双电层电容器的组装

为了探究制备的碳材料在超级电容器中的表现，将其制备成扣式超级电容器来模拟 EDLC，其组成与结构如图 2.5 所示，以 6 mol/L 的 KOH 溶液作电解质溶液。主要的组装材料有 LIR2032 型扣式电池正负极壳、弹片、垫片、制备好的电极片以及超级电容器水系隔膜。先将负极壳平放在桌面上，按照制备好的电极片→隔膜→制备好的电极片→垫片→弹片的顺序，依次放入负极壳中，然后加入电解液，使整个负极壳中浸满电解液，在最后盖上电池正极壳。将组装好的电容器取出后迅速地利用电池封装机对其进行封口，最后，将封口的电池放入恒温箱中静置 24 h。

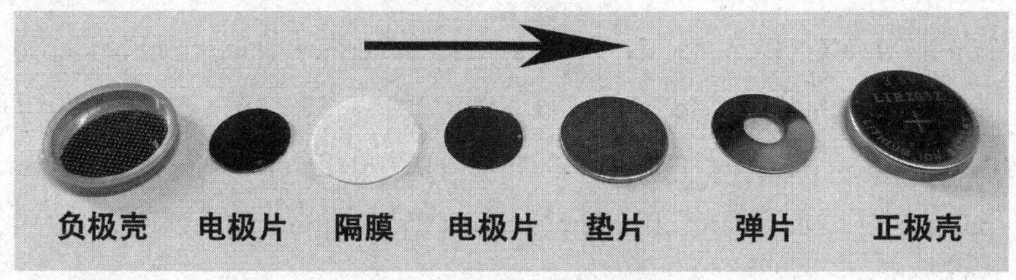

图 2.5 双电层电容的结构图

2.4.3 循环伏安测试

循环伏安测试是对电化学体系施加锯齿形电压，记录响应电流与电压之间的关系。循环伏安法可以测试电极材料的反应活性、反应电位、反应可逆性等丰富的信息。对于超级电容器来说，由于其为物理的吸脱附反应，因此扫描测试不会出现峰位。本实验采用 Bio-Logic 公司的 HCP-803 型电化学工作站，实验采用不同的扫描速率，扫描电压范围为 0 ～ 1 V。

2.4.4 恒流充放电测试

恒流充放电测试是对电化学体系施加恒定的电流进行充放电，记录电压随时间的变化。对于超级电容器来说，由于其在充放电过程中发生的是物理吸脱附反应，因此其充放电曲线为锯齿形。由于恒流充放电测试与人们的实际使用最为接近，因此本书中一般采用此测试来计算电化学体系的比容量（F/g）。对于本书中所采用的对称电容器，其单电极的质量比电容的计算公式为：

$$Cs = 4It/Vm \tag{2-8}$$

其中 I、Δt、ΔV 和 m 分别是充放电电流（A）、放电时间（s）、电压变化（V）和两极电化学活性物质质量之和（g）。

参考文献

[1] Zou X，Lu X，Li C，et al. A direct electrochemical route from oxides to Ti-Si intermetallics[J]. Electrochinica Acta，2010，55（18）: 5173-5179.

[2] Chen G Z，Gordo E，Fray D J. Direct electrolytic preparation of chromium powder[J]. Metallurgical and Materials Transactions B，2004，35（2）: 223-233.

[3] Zou X，Lu X，Li C，et al. A direct electrochemical route from oxides to Ti-Si intermetallics[J]. Electrochinica Acta，2010，55（18）: 5173-5179.

[4] Chen G Z，Gordo E，Fray D J. Direct electrolytic preparation of chromium powder[J]. Metallurgical and Materials Transactions B，2004，35（2）: 223-233.

第 3 章 可控熔盐电解短流程制备金属碳化物复合材料

3.1 引言

微纳米级难熔金属碳化物及其复合材料由于其超高熔点和硬度、极高热稳定性及抗腐蚀性等优异的物理化学性质使其在航空航天、核反应堆、高性能陶瓷等尖端领域具有巨大应用潜力，已成为新时期战略材料之一。如SiC、NbC、WC、MoC、TiC、ZrC、Cr_7C3、Ti_5Si_3/TiC、$MoSi_2$/SiC 等。SOM 法制备金属碳化物的工艺有别于传统工艺（即 FFC 剑桥法电脱氧工艺），该工艺通过在金属氧化物中加碳混合后进行直接可控脱氧，进而实现金属碳化物的直接合成；通过控制整个合成过程碳元素的使用和利用透氧膜介质对碳元素的隔离及氧离子的选择迁移控制，获得高电压电解条件及避免副反应的发生，从而实现大幅度提高电解速率及精确控制金属碳化物的产物纯度。本章主要以微纳米级 SiO_2/C、TiO_2/C、SiO_2/TiO_2/C 作为前驱体，采用 SOM 法进行直接电解脱氧制备 SiC、TiC、Ti_5Si_3/TiC 金属碳化物及其复合材料。考察前驱体（SiO_2/C、TiO_2/C）在电解脱氧碳化过程中发生的物相转变、反应机理以及生长机制等内容，获得最佳的实验条件。根据实验过程的特性，将 SiO_2/TiO_2/C 利用等静压制备成球形结构的前驱体，以此为阴极，进入电解过程，考察电解过程和最终产物。通过对其不同电解时间产物横截面的元素及物相分析，非常直观地得到 SiO_2/TiO_2/C 电解制备 Ti_5Si_3/TiC 的反应路径以及元素迁移过程。SOM 法电解实验装置及原理示意图，如图 3.1 所示。

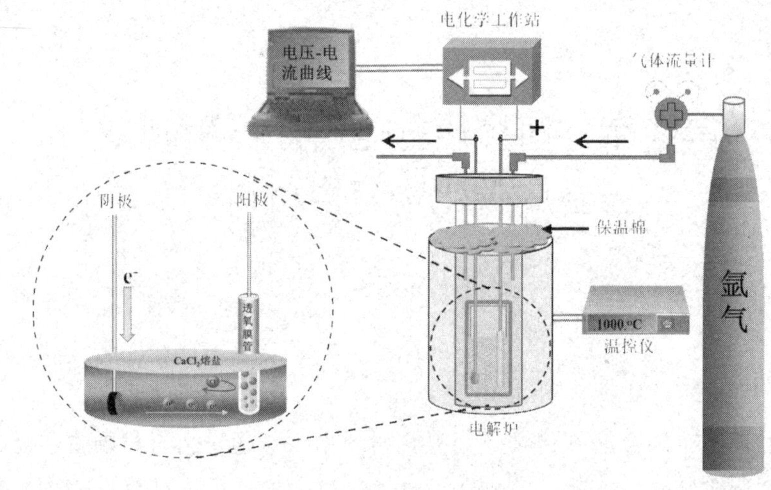

图 3.1 SOM 法电解实验装置及原理示意图

3.2 熔盐电解制备 Cr_7C_3 研究

本节重点研究由纳米 Cr_2O_3/ 纳米 C 粉混合物充当前驱体，采用 SOM 法对前驱体直接可控脱氧制备 Cr_7C_3。按照产物摩尔比（Cr_2O_3 ：C = 7 ：6）进行称量混料，添加重量比 5% ～ 20% 的 PVB 作为黏结剂，并置于球磨罐中湿磨 12 h，使之充分混合均匀，取出后烘干，称量 0.5 g 混料倒入模具中在 5 ～ 15 MPa 的压力下压制成阴极片，然后用泡沫镍包裹，再用铁铬铝丝将其缠绕引出，制成阴极系统。将适量碳粉、锡粒放入氧化钇稳定氧化锆固体透氧膜管中，并用铁铬铝丝固定引出，制成 SOM 阳极系统。熔盐电解质采用分析纯的无水氯化钙，电解槽采用氧化铝坩埚，实验过程中全程采用高纯氩气氛保护。

将组装后的电解池系统放入高温炉中升温至 1000℃进行电解，电解电压选用 4.0 V，采用 BioLogic HCP-803 型电化学工作站提供恒定电压及采集实验数据。待电解完成后，高温炉缓慢降温至室温后将电解槽取出，用自来水及去离子水冲洗浸泡，去除残留的氯化钙，烘干收集，待进一步地检测分析。

3.2.1 理论分解电压计算

1.$CaCl_2$ 的理论分解电压

$CaCl_2$ 的理论分解电压是指施加在电极两端的而不会使熔盐分解的最大电压值。当采用 FFC 剑桥法时，电极电压必须小于熔盐的理论分解电压，而 SOM 法中由于固体透氧膜的存在，突破了这个限制，所以 $CaCl_2$ 的理论分解电压的计算对于指导后续实验及 FFC 剑桥法及 SOM 法的对比具有重要意义。

由公式（2-7）可计算 $CaCl_2$ 的理论分解电压，其标准生成自由能为：

$$Ca + Cl_2 = CaCl_2$$

$$\Delta G^{\theta}_{Cacl_2} = -767346 + 140.27\ T\ \text{kJ} \cdot \text{mol}^{-1} \qquad (3\text{-}1)$$

不同温度下，$CaCl_2$ 熔盐的标准生成自由能与理论分解电压的对应关系如表 3.1 所示。

表 3.1 不同温度下 $CaCl_2$ 的 ΔG^{θ} 和理论分解电压 E

T/K	973	1073	1173	1273
ΔG^{θ} /（$kJ \cdot mol^{-1}$）	−648.89	−635.34	−623.49	−611.57
E/V	−3.36	−3.29	−3.23	−3.17

本实验所采用的温度为 1000℃，换算成开氏温度为 1273 K，当采用 FFC 剑桥法时，施加的电极电压必须小于此温度下的理论分解电压 3.17 V，而 SOM 法中，由于固体透氧膜管限制了 Cl^- 迁移至阳极，所以即便施加更高的电压也不会导致 $CaCl_2$ 的分解，所以本实验采用的电解电压为 4.0 V。

2. 电解过程中理论分解电压计算

Cr_2O_3/C 前驱体在电解过程中，可能发生的反应如下：

$$Cr_2O_3 + CaO = CaCr_2O_4 \qquad (3\text{-}2)$$

$$Cr_2O_3 + 6e^- = 2Cr + 3O^{2-} \qquad (3\text{-}3)$$

$$CaCr_2O_4 + 6e^- = 2Cr + 3O^{2-} + CaO \qquad (3\text{-}4)$$

$$3Cr_2O_3 + 4C + 18e^- = 2Cr_3C_2 + 9O^{2-} \qquad (3\text{-}5)$$

$$7Cr_2O_3 + 6C + 42e^- = 2Cr_7C_3 + 21O^{2-} \qquad (3\text{-}6)$$

$$3Cr + 2C = Cr_3C_2 \qquad (3\text{-}7)$$

$$7Cr + 3C = Cr_7C_3 \qquad (3\text{-}8)$$

$$3Cr_3C_2 + 5Cr = 2Cr_7C_3 \qquad (3\text{-}9)$$

由公式（2-6）可计算得以上各反应式的吉布斯自由能差 ΔG^{θ} 与温度 T 之间的变化关系，如图 3.2 所示。

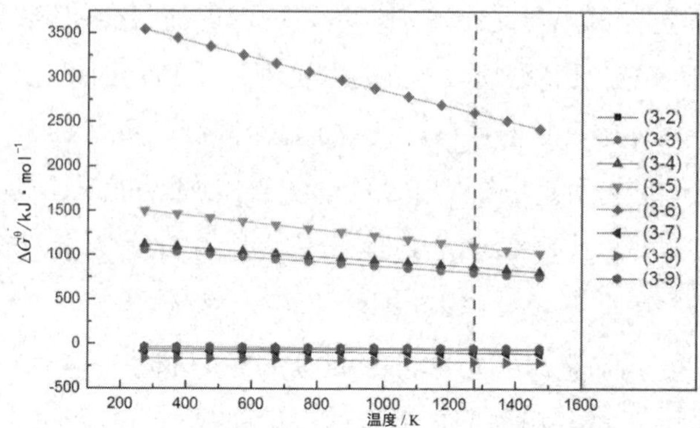

图 3.2 Cr_2O_3/C 前驱体反应过程中可能存在的化学反应 ΔG^{θ}-T 图

由图 3.2 所示，在电解温度为 1273 K 的条件下，反应（3-2）、（3-7）、（3-8）、（3-9）的吉布斯自由能差 ΔG^{θ} 均小于 0，这说明在此温度条件下，这些反应可以自发进行。而反应（3-3）～（3-6）的吉布斯自由能差 ΔG^{θ} 均大于 0，这说明此条件下均不能自发进行。值得注意的是，由反应（3-3）、（3-5）、（3-6）的吉布斯自由能差大于 0 可知，在此条件下，Cr_2O_3 在此条件下不会自发还原成 Cr 单质，也不会被 C 还原生成 Cr_xC_y。

在上述反应式中，反应（3-2）及（3-7）～（3-9）能够自发进行且无电子得失，为化学反应。而反应（3-3）～（3-6）存在电子得失，为电化学反应，由公式（2-7）可计算得这些反应式的理论分解电压 E_d 与温度 T 的变化关系，如图 3.3 所示。

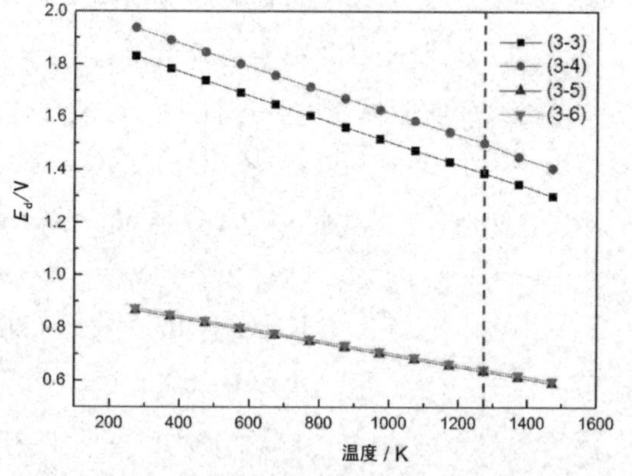

图 3.3 Cr_2O_3/C 前驱体反应过程中可能存在的化学反应 E_d-T 图

由图可知，以上各反应在温度为 1273 K 的条件下的最大分解电压为 1.5 V 左右，而本实验采用的 SOM 法对电极两端的施加电压可以达到 4.0 V，远远大于 1.5 V，从而利用此方法电解脱氧制备 Cr_7C_3 可以大大降低电解时间及提高电流效率。

3.2.2 压片压力对电解过程的影响

压制阴极片时，压力的大小对于反应过程具有十分重要的影响，所以探究合适的压片压力大小具有十分重要的意义。

当压力过小时，阴极片易粉化，不利于电解的进行及后续的取样。当压力过大时，阴极片内部孔隙率过小，不利于熔盐的进入及氧离子的迁移，大大降低电解效率。所以选择一个合适的压片压力可以保证实验的顺利进行又可以获得一个较高的电解效率。

如图 3.4 所示为压片压力分别为 10 MPa、20 MPa、30 MPa 时压制的阴极片在 1000 ℃及 4.0 V 条件下电解 2 h 后产物的 XRD 谱图，为保证结果具有可比性，实验条件控制相同。

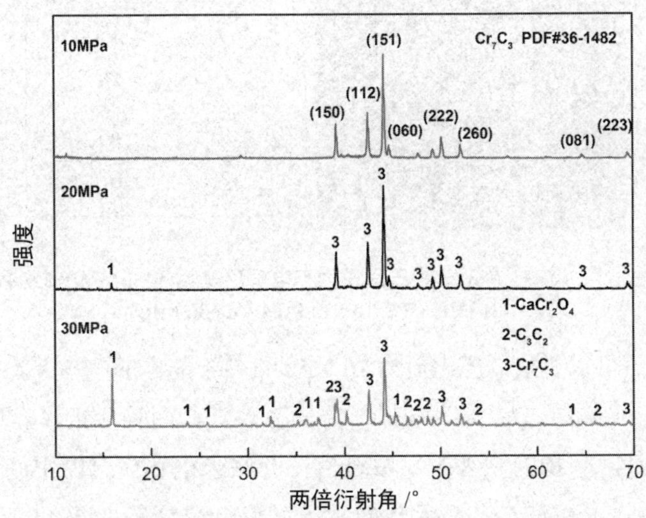

图 3.4 不同压力 Cr_2O_3/C 前驱体电解后产物 XRD 图谱

由图 3.4 可知，当选取的压力值为 10 MPa 时，电解 2 h 后可得较纯的 Cr_7C_3 产物；而压力为 20 MPa 时，电解产物中不仅有 Cr_7C_3 还有少量 $CaCr_2O_4$ 中间产物；当压力为 30 MPa 时，电解产物中仅有部分 Cr_7C_3，其余为中间产物 Cr_3C_2 及 $CaCr_2O_4$，这说明当压力值选用 20 MPa 及 30 MPa 时电解不充分，仍有大量中间产物存在。

图 3.5 为在三种不同压力值下 Cr_2O_3/C 前驱体电解 2 h 后的微观形貌图及其对应的能谱图。

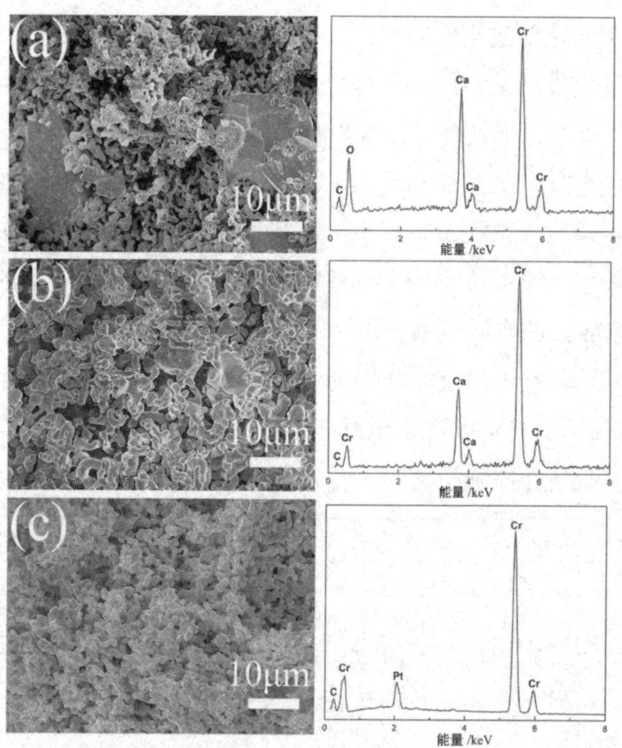

图 3.5 Cr_2O_3/C 前驱体在不同压力下电解后产物的 SEM 及 EDS 图
（a）10 MPa,（b）20 MPa,（c）30 MPa

由图 3.5 可以看出，压力值为 10 MPa 条件下的电解产物具有十分均匀疏松的形貌，对应的 EDS 表明电解产物只有 Cr、C 两种元素。当压力值选取为 20 MPa 时，产物的微观组织中还存在一些未电解完全的中间产物，EDS 显示产物中除了存在 Cr、C 元素外，还存在 Ca、O 等元素。当压力值选为 30 MPa 时，产物微观组织中存在大量的块状 $CaCr_2O_4$，从其对应的 EDS 也可看出，产物中存在大量的 Ca 元素与 O 元素，这是由于当 Cr_2O_3 得电子被还原成 Cr 单质及 O^{2-} 时，阴极片内部过于致密，不利于 O^{2-} 的迁移，此时阴极片中的 O^{2-} 会与熔盐中的 Ca^{2+} 及 Cr_2O_3 发生反应生成 $CaCr_2O_4$，即反应 $Cr_2O_3 + O^{2-} + Ca^{2+} = CaCr_2O_4$。由此可知，压片压力会对电解过程产生影响，本实验的压片压力为 10 MPa 为宜。

3.2.3 SOM 法制备 Cr_7C_3

1. 电流曲线分析

Cr_2O_3/C 前驱体在 1000℃及 4.0 V 条件下电解脱氧 2 h 的电流特征曲线如图 3.6 所示。由图可见，开始时由于电解池系统达到平衡状态，所以实验开始阶段的电流曲线急剧降低，然后又出现小幅度的升高，这是由于三相界面的扩展所导致。随着电解时间的延长，阴极片中氧含量不断减少，反应界面向内扩展，导致反应界面减小，氧离子的传导变慢，导致电流逐渐减小。随着电解的持续进行，电流逐渐下降到背景电流值，这表示脱氧的完成。

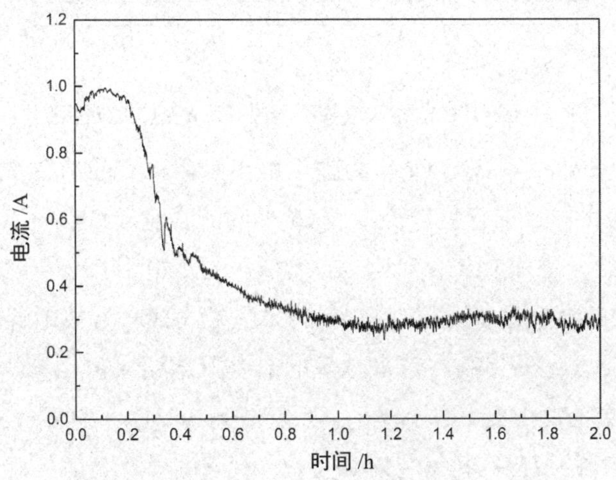

图 3.6 Cr_2O_3/C 前驱体电解过程的电流 - 时间曲线

根据图 3.6 可得电解过程所消耗的实际电量 Q_S 为 2447.70 C，而电解 0.5 g 的 Cr_2O_3/C 前驱体所需要的理论电量 Q_F 为 1904.31 C，则可计算得出本实验的电流效率为 77.8%。

2. 物相转变分析

图 3.7 为电解过程中不同时间反应产物的 XRD 谱图。由图可知，电解开始时有大量的 $CaCr_2O_4$ 生成，这是由于 Cr_2O_3 的电解脱氧会产生大量的 O^{2-}，这些氧离子又会与熔盐中的 Ca^{2+} 结合生成 CaO，再与未反应的 Cr_2O_3 结合生成 $CaCr_2O_4$ 中间产物。尽管 $CaCr_2O_4$ 也会在熔盐中被电解脱氧，但是反应初期 $CaCr_2O_4$ 含量仍会剧烈增多，这是由于 $CaCr_2O_4$ 的生成速度大于它的分解速度所致。

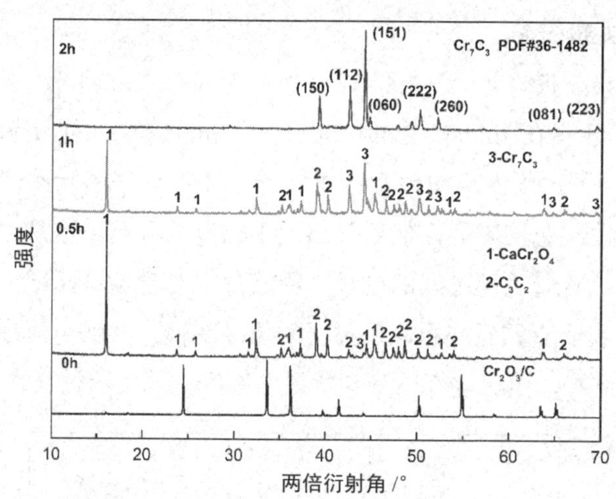

图 3.7 Cr_2O_3/C 前驱体电解不同时间后产物 XRD 图谱

随着反应的进行，部分 Cr 单质被电解出来，与 C 结合生成碳化物。此时，由于阴极片中 C 的含量较高，而 Cr 单质的含量较低，所以反应的开始阶段 Cr 与 C 结合生成 Cr_3C_2，而不是 Cr_7C_3，这是由于 Cr_3C_2 中 Cr 的比例较小。随着反应的继续进行，越来越多的 Cr_2O_3 及 $CaCr_2O_4$ 被电解脱氧生成 Cr 单质，随着 Cr 含量的提高，越来越多的 Cr 与 C 结合生成 Cr_7C_3，而原来生成的 Cr_3C_2 也会与 Cr 结合生成 Cr_7C_3，反应式为 $3Cr_3C_2 + 5Cr = 2Cr_7C_3$。当脱氧完成后，最终的反应产物为纯的 Cr_7C_3。

3. 形貌分析

Cr_2O_3/C 前驱体在 1000 ℃、4.0 V 条件下电解 2 h，在不同电解时间后阴极片的宏观形貌如图 3.8 所示。由图可见，初始的阴极片为浅黑色，随着电解的进行，颜色逐渐变浅，直至变为浅灰色的 Cr_7C_3。另外，阴极片表面也逐渐变得疏松多孔，阴极片体积也逐渐收缩，这是由于在高温下黏结剂蒸发及氧元素电解脱离所致。

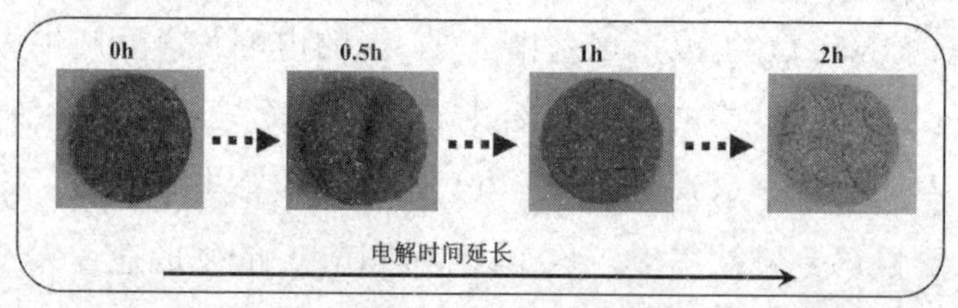

图 3.8 不同电解时间后 Cr_2O_3/C 阴极片宏观图

图 3.9 为各反应时间后产物的微观形貌图，观察可知，原料中 Cr_2O_3 的颗粒较大，约为微米级，碳粉的颗粒较小，为纳米级。随着反应的进行，产物中出现了大量体积较大的不规则块状晶粒，为反应初期生成的 $CaCr_2O_4$ 中间产物。其他体积较小的结节状晶粒主要为 Cr 与 C 结合生产的 Cr_3C_2。当电解时间到达 1 h 后，体积较大的 $CaCr_2O_4$ 逐渐变少，Cr_3C_2 及 Cr_7C_3 相应增多。电解 2 h 后，产物全部为疏松多孔的结节状晶体，EDS 显示此时电解产物中已经不存在 Ca 元素及 O 元素，电解脱氧完成，产物为纯的 Cr_7C_3。

图 3.9 Cr_2O_3/C 前驱体在不同电解时间后产物的 SEM 及 EDS 图
（a）0 h,（b）0.5 h,（c）1 h,（d）2 h

3.2.4 反应机理探讨

根据上述实验分析，提出了 Cr_2O_3/C 前驱体电解制备 Cr_7C_3 的反应机理模型，如图 3.10 所示。

（1）电解开始时，阴极片表面的 Cr_2O_3 得电子被还原为 Cr 单质，并与 C 反应生成 Cr_3C_2，同时生成 O^{2-}。

（2）脱氧生成的 O^{2-} 同熔盐中的 Ca^{2+} 及未反应的 Cr_2O_3 结合生成

$CaCr_2O_4$中间产物，在电流的作用下，$CaCr_2O_4$被脱氧还原成Cr单质及生成CaO，随着反应的进行，大量的CaO被生成，未反应的Cr_2O_3则与CaO结合生成$CaCr_2O_4$。

（3）Cr单质被还原出来后，首先与C结合生成Cr元素比例较小的Cr_3C_2，随着越来越多的Cr单质被还原出来，Cr_3C_2又与Cr结合生成Cr_7C_3，最终，电解产物全部为Cr_7C_3。

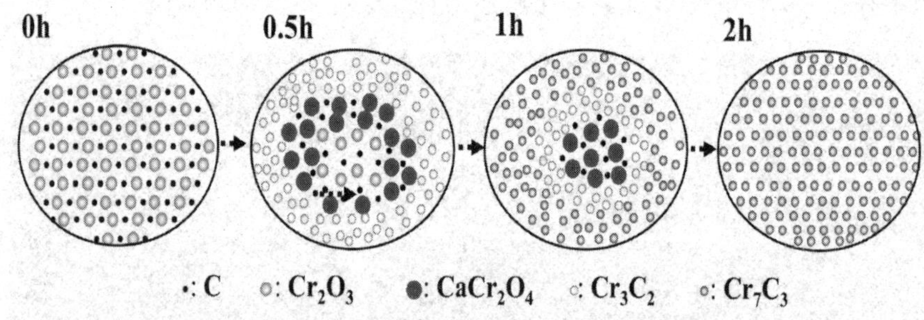

图 3.10 电解Cr_2O_3/C制备Cr_7C_3的反应路径示意图

3.2.5 FFC剑桥法与SOM法的对比

SOM法与FFC剑桥法最大的区别就是SOM法中的阳极不是传统的碳棒，而是透氧膜组装阳极，这样不仅可以使阳极与熔盐隔绝开来，避免碳棒脱落导致的短路问题，而且还可以使电极两端的施加电压高于熔盐的分解电压而不使熔盐分解。这使得SOM法拥有比FFC剑桥法更高的电流效率，由于SOM法可以施加更高的电压，所以其电解速率也高于FFC剑桥法。

图3.11为采用FFC剑桥法和SOM法电解Cr_2O_3/C前驱体制备Cr_7C_3的电流曲线对比图，图3.12为两种方法制备Cr_7C_3中间过程XRD图谱的对比图。由两图可见，采用SOM法时仅需2 h便可制备出Cr_2O_3，而采用FFC剑桥法则需4 h，最终两种方法均可制备出纯的Cr_7C_3产物。此外，电解0.5 g的Cr_2O_3/C前驱体所需要的理论电量Q_F为1904.31 C，由图通过电化学工作站软件计算可得SOM法电解过程所消耗的实际电量Q_{S1}为2447.70 C，而FFC剑桥法过程中的实际耗电量Q_{S2}为4974.58 C，计算可得SOM法的电解效率为77.8%，FFC剑桥法过程则为38.3%。由此可见，SOM法的电解效率远大于FFC剑桥法。

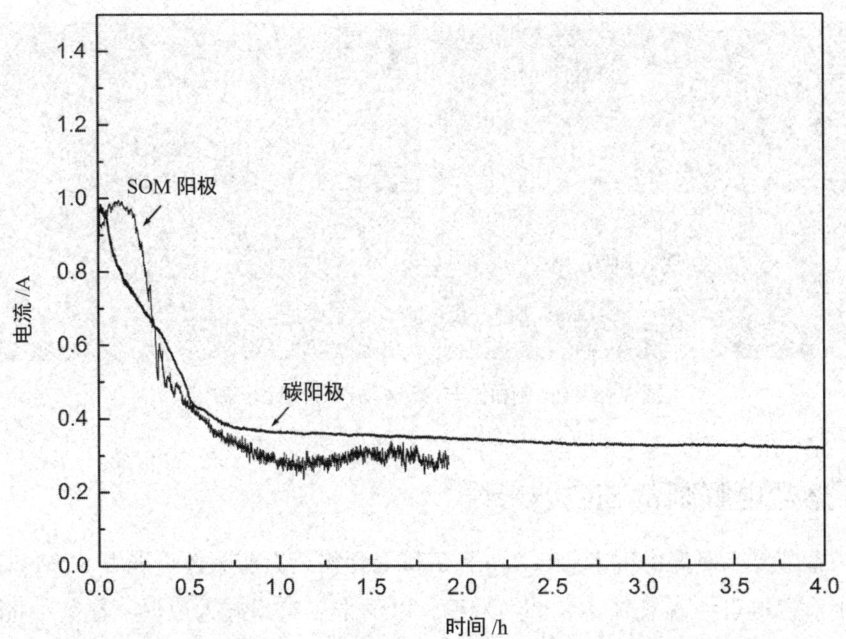

图 3.11 SOM 法与 FFC 剑桥法电解 Cr_7C_3/C 前驱体过程的电流 - 时间曲线

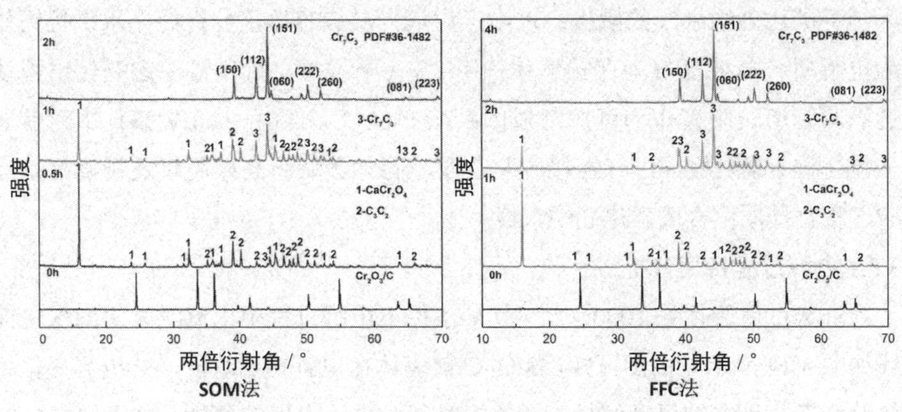

图 3.12 FFC 与 SOM 方法产物 XRD 图谱对比图

图 3.13 为采用 FFC 剑桥法及 SOM 法制得最终产物的微观形貌图，由图可知，两种方法制得的最终产物均有相似的疏松结节状结构，但是采用 FFC 剑桥法制得的 Cr_7C_3 具有更细小的晶粒度，而 SOM 法制得的产物晶粒更加粗大。这主要是由于利用 FFC 剑桥法具有更低的电压及更低的反应温度。

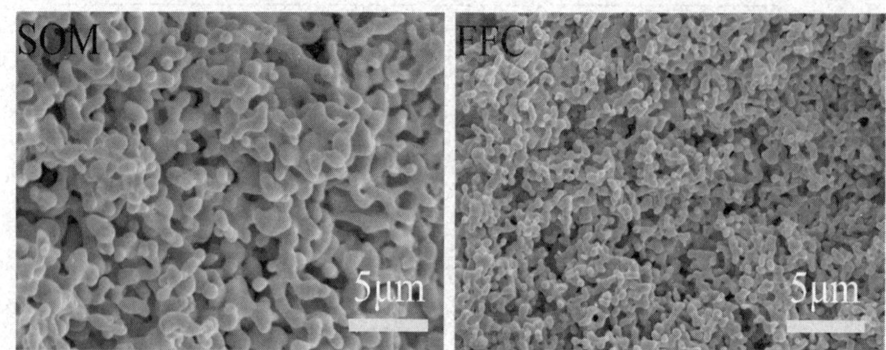

图 3.13 FFC 剑桥法与 SOM 法产物对比示意图

3.3 熔盐电解制备 SiC 纳米线

本节重点研究由纳米 SiO_2/ 纳米 C 粉混合物充当前驱体，采用 SOM 法对前驱体直接可控脱氧制备 SiC 纳米线。以纳米二氧化硅为原料，在其中按化学计量比（Si ∶ C = 1 ∶ 1）加入纳米碳粉和 10%（重量百分比）的聚乙烯醇缩丁醛黏结剂后球磨获得细粉；然后在 8 ～ 15 MPa 下压制成 1.4 g 薄片作为制备碳化硅纳米线的阴极；以刚玉坩埚为反应容器、分析纯无水氯化钙作为电解质、高纯氩气为保护气体；用 8%（摩尔比）氧化钇稳定氧化锆固体透氧膜管组装阳极作为可控阳极体系在 1000 ℃、3.0 ～ 4.0 V 条件下对前述二氧化硅 / 碳阴极片进行直接脱氧，通过固体透氧膜高效脱氧及精确控制反应过程直接原位合成碳化硅纳米线。

3.3.1 电解过程特征分析

SiO_2/C 前驱体在 1000 ℃，4.0 V 条件下电解过程中电流随时间的变化曲线如图 3.14 所示。由图可知，SiO_2/C 前驱体在电解初始阶段，其电流变化趋势符合三相界线的机理解析，初始短时间内电流出现的急剧下降主要与电解系统中的电解池达到平衡有关。随着电解时间的延长，阴极片中的氧组分不断被脱除，电解反应也相应地逐步向阴极片内部扩散，反应界面减小，氧离子传导速度减慢，从而导致电流逐渐下降。最后，随着 SiO_2/C 前驱体中的氧组分完全被脱除，电流下降到背景电流值，此时电解完成。

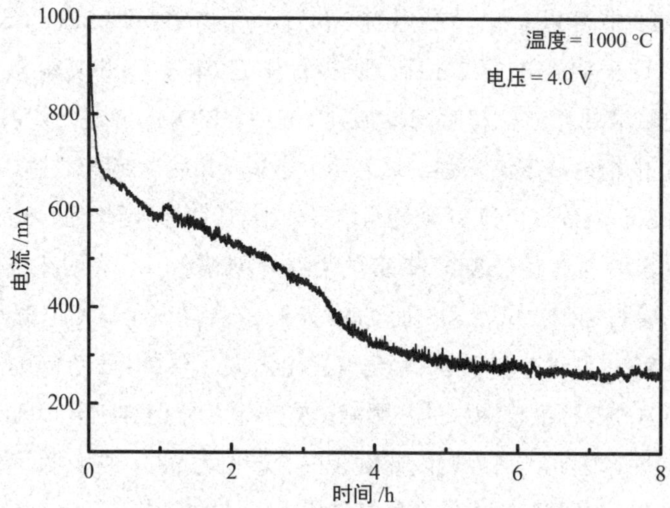

图 3.14 SiO_2/C 前驱体电解制备 SiC 的电流 - 时间曲线

根据图3.14，能够得到在电解过程中实际消耗的电量为Q_S为11610.72 C，而电解 1.4 g 的 SiO_2/C 前驱体所需的理论电量 Q_F 为 9005.31 C。电流效率为 77.6 %。

3.3.2 物相变化分析

图 3.15 为 SiO_2/C 前驱体在 1000 ℃、4.0 V 条件下电解不同时间后所收集到的产物 XRD 图谱。

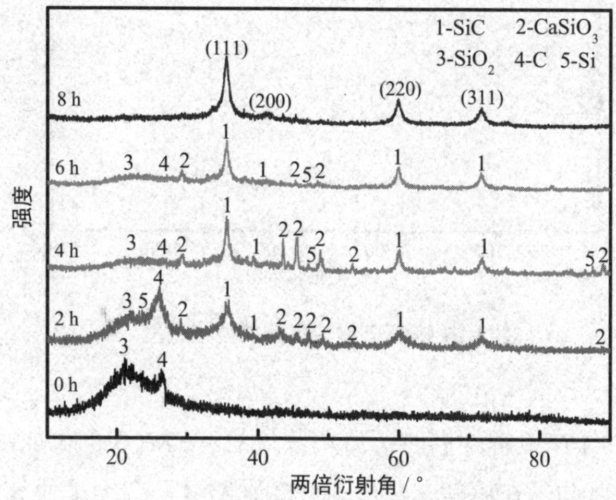

图 3.15 SiO_2/C 前驱体电解不同时间后产物 XRD 图谱

从图 3.15 中可以看出，在电解 2 h 后，产物中出现 SiC、$CaSiO_3$ 和 Si 的衍射峰，这表明在电解 2 h 后，阴极片中有 SiC、$CaSiO_3$ 和 Si 生成。同时，SiO_2 的峰减弱。当电解时间增加到 4 h 后，SiO_2 的峰进一步减弱，SiC、$CaSiO_3$ 和 Si 的衍射峰逐渐增强。这表明，电解 4 h 后，前驱体中的 SiO_2 进一步减少，而 SiC、$CaSiO_3$ 和 Si 则逐渐增多。当电解时间延长到 6 h 后，SiC 的衍射峰进一步增强，而 $CaSiO_3$ 和 Si 的衍射峰则减弱。这表明在电解 6 h 后，阴极片中生成的 SiC 含量增多，而 $CaSiO_3$ 和 Si 含量变小。当电解时间为 8 h 时，产物中 SiO_2、$CaSiO_3$ 和 Si 的衍射峰完全消失，只剩下 SiC 的单一衍射峰，且其三强峰与 SiC 标准谱图中的三强峰位置一致，分别对应于（111）、（220）和（311）晶面。因此，可以判断此时获得的产物为 SiC。这表明，在电解 8 h 后，1.4 g 的 SiO_2/C 前驱体中完全脱氧碳化生成纯的 SiC。

3.3.3 拉曼分析

图 3.16 为 SiO_2/C 前驱体在电解 8 h 后收集到的产物拉曼光谱图，其与标准 SiC 拉曼光谱图具有很高的相似性，进一步证明了产物相具有很高的纯度。

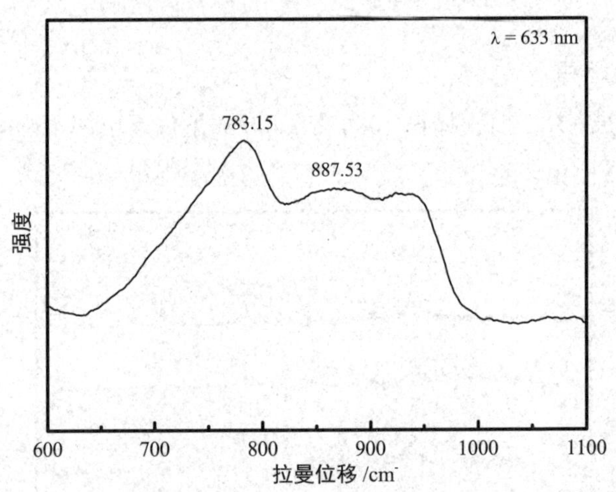

图 3.16 电解产物 SiC 的拉曼光谱图

3.3.4 形貌分析

SiO_2/C 前驱体在电解不同时间后所获得的产物宏观形貌如图 3.17 所示。结合 XRD 分析可知，在电解 2 h 时，阴极片表面只有少量的 Si、$CaSiO_3$ 和 SiC 生成，因此电解产物表面变化并不明显，如图 3.17（b）所示。当电解时间为 4 h 时，产物中生成的 Si、$CaSiO_3$ 和 SiC 逐渐增多，因此产物表面变化较大，阴极片表面白色和黄褐色面积逐渐增加，如图 3.17（c）所示。当电解时间延长到 6 h 后，产物表面黄褐色部分逐渐增多，而白色及黑色逐渐变小。这主要是因为在电解 6 h 后，产物中的 SiC 进一步增多，而 Si、$CaSiO_3$ 和 SiO_2 却不断减少，从而造成产物表面颜色的变化，如图 3.17（d）。当电解时间进一步延长到 8 h 后，产物在宏观下观察为纯的黄褐色，如图 3.17（e）。结合图 3.16 分析可知，这主要是因为在电解 8 h 后，产物为纯的 SiC。图 3.17（f）为阴极片在电解 8 h 后产物的截面图，从图中可以看出，其为纯的黄褐色，这进一步佐证了 SiO_2/C 前驱体在电解 8 h 后能够得到纯的 SiC。

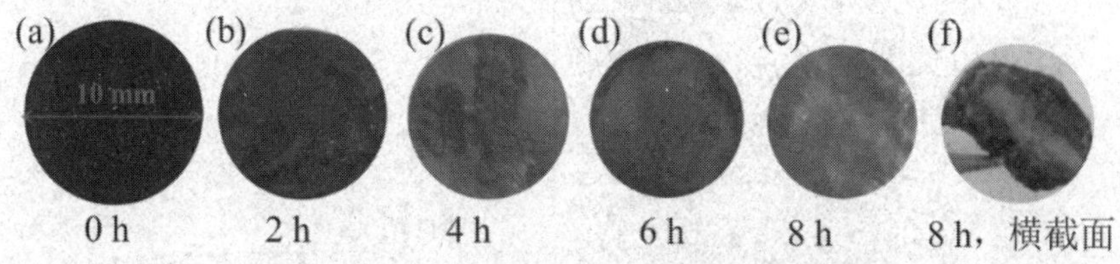

图 3.17 不同电解时间后 SiO_2/C 阴极片宏观图

图 3.18 是 SiO_2/C 前驱体在电解前及在不同电解时间后所获得的产物微观形貌和能谱图。从图 3.18（a）中可以看出，阴极片表面颗粒均匀且致密。图 3.18（b）为电解 2 h 后的产物微观形貌。从图中可以看出，SiO_2/C 前驱体在电解 2 h 后，产物为颗粒状，有少量孔洞。在电解 4 h 后，产物主要呈板层状，如图 3.18（c）所示。图 3.18（d）为 SiO_2/C 前驱体在电解 6 h 后产物的微观形貌图。从图中可以看出，产物表面主要为纳米线，同时夹杂着微量的板层状产物。结合之前的 XRD 分析可知，这种现象主要是因为在电解 6 h 后，产物中除了含有主要的 SiC 产物外，还含有微量的 $CaSiO_3$ 等产物造成的。电解 8 h 后收集的产物的微观形貌如图 3.18（e）所示。从图中可以看出，产物在较低倍数下观察时，呈纤维状。当对产物进行进一步放大后，能够观察到均匀的纳米线，其尺寸为 20 nm 左右，结合 XRD 及能谱分析可知，此时产物中只含有单一的 SiC 纳米线。

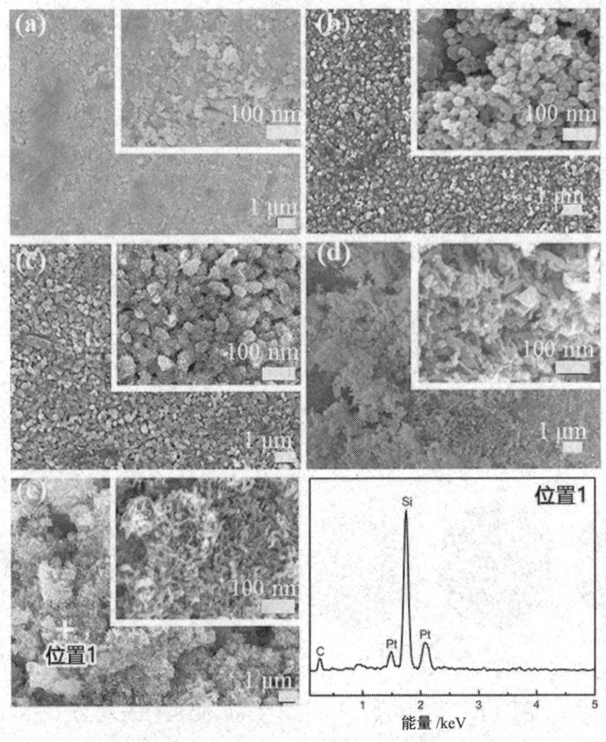

图 3.18 SiO_2/C 前驱体在不同电解时间后产物的 SEM 及 EDS 图
(a) 0 h, (b) 2 h, (c) 4 h, (d) 6 h, (e) 8 h

3.3.5 循环伏安分析

实验采用本实验室自行制备的一种可以将粉末样品直接在 Mo 片表面进行填充的 Mo 腔电极充当工作电极。首先将 Mo 片（50 mm×10 mm×3 mm）用砂纸打磨干净后用钻孔机在 Mo 片下端钻一个直径为 1 ～ 2 mm、深为 2 ～ 3 mm 的微孔，然后将纳米 SiO_2 和碳粉混合粉末直接填充于 Mo 片微孔中，做成 Mo 腔电极。以 YSZ 管内添加碳饱和锡液作为对电极，高纯 Pt 丝（直径 1.0 mm）作为参比电极，测试 SiO_2/C 于 1000 ℃条件下在 $CaCl_2$ 熔盐中的循环伏安曲线，其扫描电势范围为 -1.0 ～ 0.5 V，扫描速度为 10 mV/s，如图 3.19 所示。由图可知，在电势为 −0.43 V 和～ 0.67 V 处出现了还原峰。还原峰 C1 的出现可能是 SiO_2 被还原成 Si 造成的（$SiO_2 + 4e^- = Si + 2O^{2-}$）；还原峰 C2 的出现则可能是因为 SiO_2 与熔盐中的 Ca^{2+} 发生复合反应生成的 $CaSiO_3$ 在此处发生分解（$CaSiO_3 + 4e^- = Si + 2O^{2-} + CaO$（$Ca^{2+}$，$O^{2-}$））。

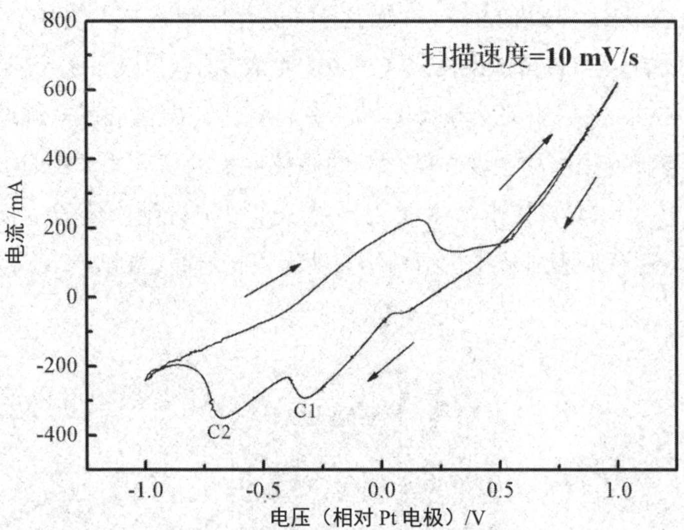

图 3.19 SiO_2/C 在 $CaCl_2$ 熔盐中的循环伏安曲线（1000 ℃）

3.3.6 SiC 纳米线的形成机理探讨

根据前面的实验分析同时结合文献[1-13]，提出了由 SiO_2/C 前驱体电解脱氧碳化制备 SiC 过程的反应机理模型，如图 3.20 所示。关于金属氧化物的电解脱氧过程大都伴随有中间反应过程，如反应 MO_x + CaO（Ca^{2+} + O^{2-}）= $CaMO_{x+1}$ 将产生中间产物 $CaMO_x$，比如本实验过程中产生的 $CaSiO_3$ 中间产物。熔盐中少量的 CaO 主要由于氯化钙熔盐极易吸水发生反应 $CaCl_2$•（H_2O）= Ca^{2+} + O^{2-} + 2HCl 而产生[6]。另外，在复合反应过程中产生的富钙氧化物（如 $CaSiO_3$），在熔盐电解脱氧的过程中会部分或者完全溶解在氯化钙熔盐中。综上分析认为 SOM 法电解 SiO_2/C 制备 SiC 纳米线主要涉及以下反应：

$$SiO_2 + CaO\,(Ca^{2+}, O^{2-}) = CaSiO_3\ (\Delta G^{\theta}_{1000℃} = -90.73\ kJ/mol) \tag{3-10}$$

$$2SiO_2 + Ca^{2+} + 4e^- = CaSiO_3 + Si + O^{2-} \tag{3-11}$$

$$Si + C \rightarrow SiC\ (\Delta G^{\theta}_{1000℃} = -63.16\ kJ/mol) \tag{3-12}$$

$$SiO_2/CaSiO_3 + 4e^- + C = SiC + 2O^{2-} /+ CaO\,(Ca^{2+}, O^{2-}) \tag{3-13}$$

$$CaSiO_3 = Ca^{2+} + SiO_3^{2-} \tag{3-14}$$

$$SiO_3^{2-} + 4e^- + C = SiC + 3O^{2-} \tag{3-15}$$

首先，在浸泡以及电解反应初期，SiO_2 将与熔盐中的部分 CaO 产生复合

反应生成 Ca_xSiO_y（如 $CaSiO_3$），如化学 / 电化学反应式（3-10）和（3-11）所示。生成的 Si 和 C 可由反应式（3-12）生成 SiC，以及可由反应式（3-15）直接生成 SiC。根据相关文献报道 [11]，分析认为，碳化硅在电解过程逐渐生成了纳米线状物的结构主要与碳化硅的晶粒生长机理有关。前期报道已多次证明了能够从 SiO_2 直接电解生成 Si 纳米线 [10,11]，硅纳米线的生长主要沿着轴向生长，逐渐形成纳米线状结构，其纳米线长能够达到微米级。

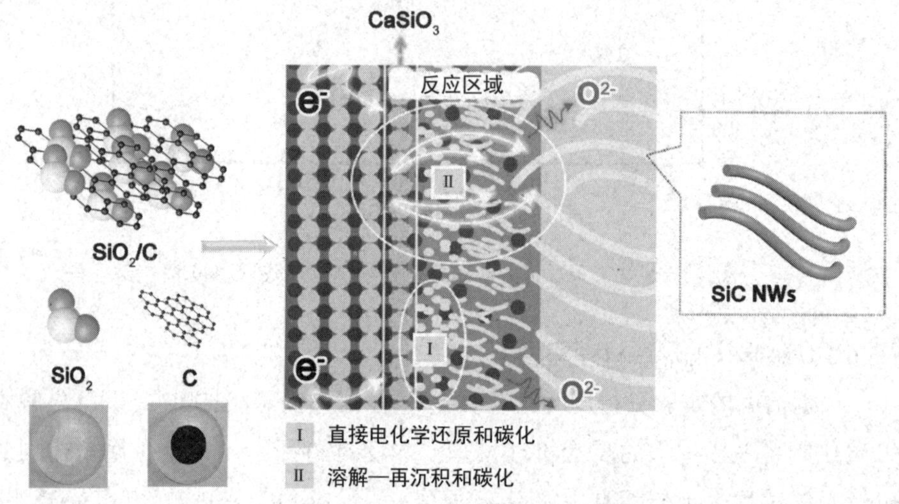

图 3.20 SOM 法电解制备 SiC 纳米线的生长机理示意图

3.4 熔盐电解制备 TiC 纳米材料

以纳米 TiO_2 为原料，按化学计量比（Ti ： C=1 ： 1）加入纳米碳粉和 4%（重量百分比）的聚乙烯醇缩丁醛黏结剂后球磨获得细粉；然后在 8 ～ 10 MPa 下压制成薄片作为制备碳化钛的阴极；以刚玉坩埚为反应容器、分析纯无水氯化钙作为电解质、高纯氩气为保护气体；用 8%（摩尔比）氧化钇稳定氧化锆固体透氧膜管组装阳极作为可控阳极体系在 1000℃、3.0 ～ 4.0 V 条件下对前述 TiO_2/ C 阴极片进行直接电解脱氧直接原位合成 TiC 纳米材料。

3.4.1 电压对电解产物的影响

图 3.21 为 TiO_2/C 前驱体在 1000 ℃下通过施加不同的电解电压对其电解 4 h 后收集到的产物 XRD 图谱。由图可知，在 3.8 V 和 4.0 V 的电压下对

TiO_2/C 前驱体电解 4 h 后，产物中只含有 TiC 的单一衍射峰。这表明，TiO_2/C 前驱体在电解 4 h 后，前驱体中的氧组分能够被全部脱除，从而在阴极中获得纯的 TiC 产物。当电解电压下降为 3.5 V 时，TiO_2/C 前驱体在电解 4 h 后，电解产物中除了含有 TiC 的衍射峰外，还存在少量 Ti_2O_3 和 $CaTiO_3$ 的衍射峰。

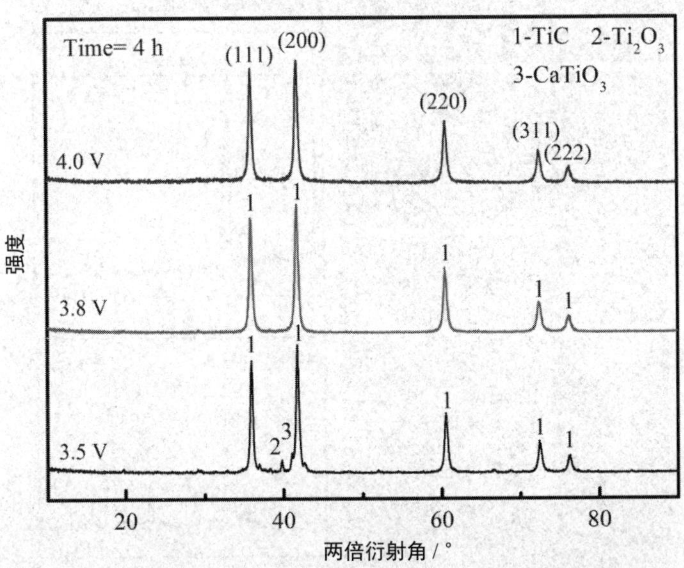

图 3.21　TiO_2/C 前驱体在不同电压下电解 4 h 后收集到的产物 XRD 图

图 3.22 为 TiO_2/C 前驱体在不同电压下电解 4 h 后收集到的产物微观形貌和能谱图。从图 3.22（a）和图 3.22（b）可以看出，在 4.0 V 和 3.8 V 的电压下对 TiO_2/C 前驱体电解 4 h 后，获得的产物的微观形貌为颗粒状，较均匀，具有一定的孔洞，颗粒表面由纳米级的颗粒组成。通过能谱分析可知所得产物中只含有 Ti、C 两种元素，并没有发现其他元素出现。结合前面的 XRD 图谱分析可知，此时产物为较纯的 TiC 纳米材料。当电解电压进一步下降为 3.5 V 时，TiO_2/C 前驱体在电解 4 h 后，产物中除了含有 Ti、C 元素的衍射峰外，还含有少量的 Ca、O 元素的衍射峰。结合前面的 XRD 图谱分析，说明此时电解产物中除了生成 TiC 外，还有 Ti_2O_3、$CaSiO_3$ 生成，如图 3.22（c）所示。这是由于电压下降，造成 TiO_2/C 前驱体在电解过程中生成的中间产物 Ti_2O_3、$CaSiO_3$ 的分解速率减缓，从而在 4 h 时仍然存在少量的 Ti_2O_3、$CaSiO_3$ 未被电解脱氧完全所致。

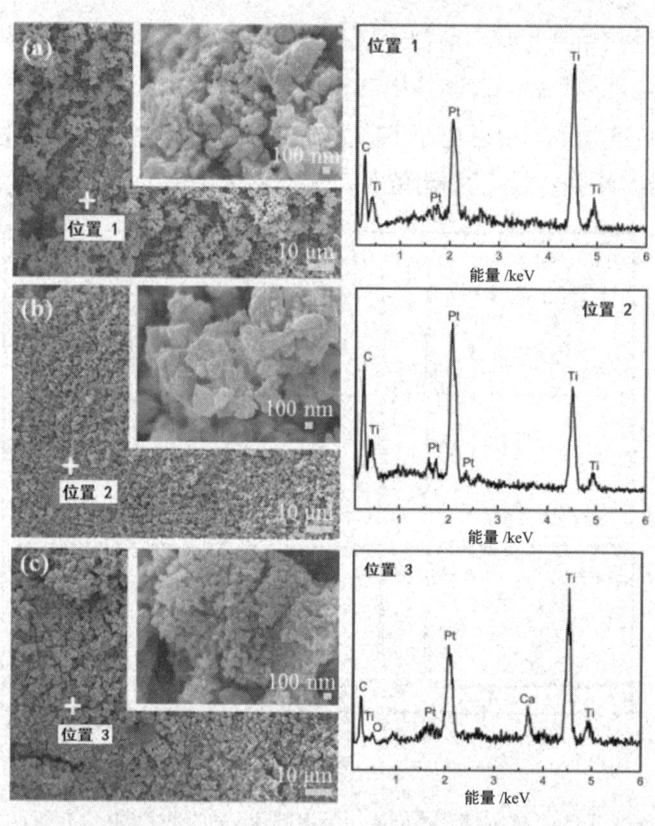

图 3.22 TiO_2/C 前驱体在不同电压下电解 4 h 后收集到产物的微观形貌和能谱图
(a) 4.0 V，(b) 3.8 V，(c) 3.5 V

3.4.2 电解脱氧碳化过程研究

1. 电解过程特征分析

TiO_2/C 前驱体在 1000 ℃、4.0 V 条件下电解过程中电流随时间的变化曲线如图 3.23 所示。由图中的电解电流 - 时间曲线可以看出，TiO_2/C 前驱体的电解过程经过了 TiO_2/C → $CaTiO_3$、TiC → TiC。由图 3.23 可知，TiO_2/C 前驱体在电解初始阶段，其电流变化趋势符合三相界线的机理解析 [14-16]。初始短时间内电流出现的急剧下降主要与电解系统中的电解池达到平衡有关。紧接着出现一定幅度的上升，这主要是因为电解反应在阴极片表面逐步扩散所造成的。随着电解时间的延长，阴极片中的氧组分不断被脱除，电解反应也相应地逐步向阴极片内部扩展，反应界面减小，氧离子传导速度减慢，从而导致电流逐渐下降。可以看出，SOM 法在 4 h 内能够完全电解，最后背景电流为 0.5 A 左右。根据图 3.23，能够得到在电解过程中实际消耗的电量为 Q_S 为 2.4 Ah，根据公式（2-1）能够计算得出其电流效率为 74.1%。

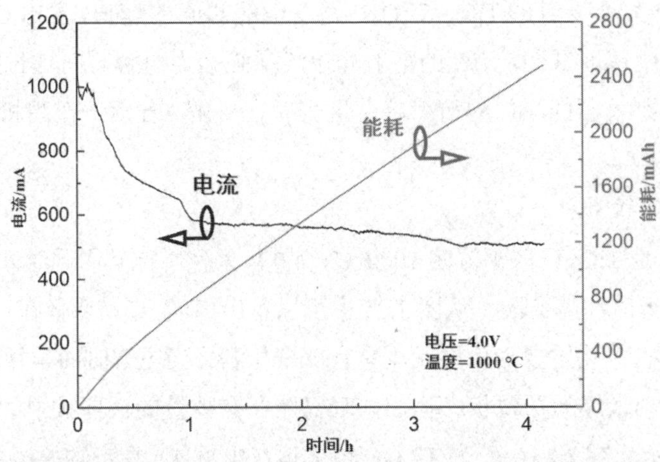

图 3.23 TiO_2/C 前驱体电解制备 TiC 的电流 - 时间曲线

2. 物相分析

图 3.24 为 TiO_2/C 前驱体在 1000 ℃、4.0 V 条件下电解不同时间后收集到的产物 XRD 图谱。

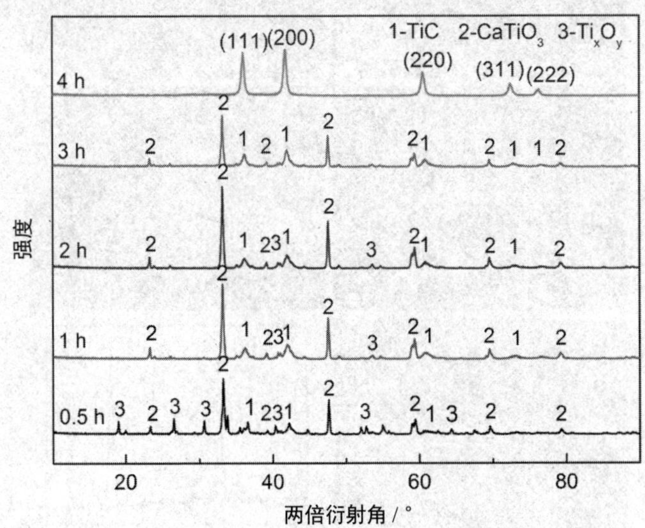

图 3.24 TiO_2/C 前驱体电解不同时间后产物的 XRD 图谱

从图中可以看出，在电解 0.5 h 后，产物中出现的主峰为 $CaTiO_3$ 的衍射峰以及少量的 TiC、Ti_xO_y 的衍射峰。这表明在电解 0.5 h 后，阴极片中含有大量的 $CaTiO_3$ 及少量的 TiC、Ti_xO_y。随着电解时间的延长，$CaSiO_3$ 和 Ti_xO_y 的衍射峰强度逐渐减弱，TiC 的衍射峰逐渐增强。当电解时间延长到 4 h 后，产物中只含有单一的 TiC 的衍射峰。这表明在电解 4 h 后，在阴极中获得纯的 TiC。

3. 微观形貌分析

图 3.25 是 TiO_2/C 前驱体在 1000 ℃、4.0 V 条件下电解不同时间后所获得的产物微观形貌和能谱图。从图 3.25 中可以看出，TiO_2/C 前驱体在电解 0.5 h、1 h 和 2 h 后，产物主要为板层状，具有少量孔洞。当电解时间延长到 3 h 后，产物中出现纳米级的颗粒状产物，同时仍然存在少量的板层状中间物，如图 3.25（d）所示。图 3.25（e）为 TiO_2/C 前驱体在电解 4 h 后产物的微观形貌图。从图中可以看出，产物为颗粒状，其尺寸为纳米级。

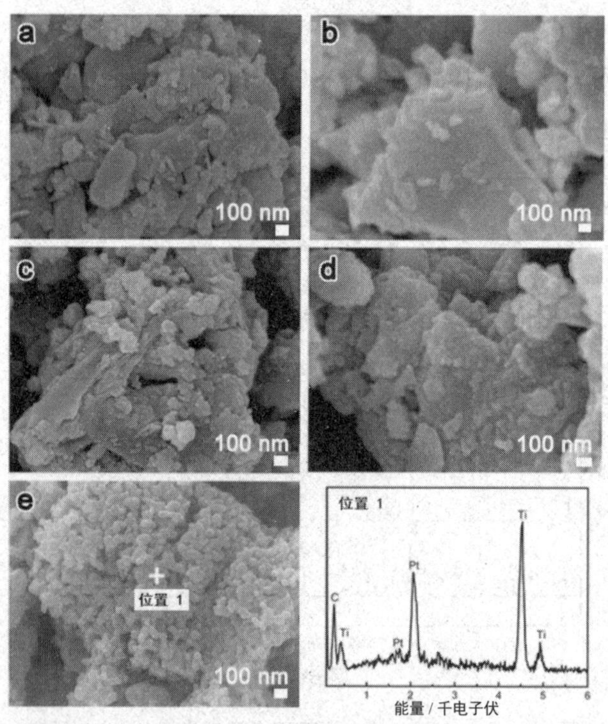

图 3.25 TiO_2/C 前驱体在不同电解时间后产物的 SEM 及 EDS 图
（a）0.5 h,（b）1 h,（c）2 h,（d）3 h,（e）4 h

图 3.26 是 TiO_2/C 前驱体电解 4 h 后产物的 SEM 图以及对应能谱面扫描和 EDS 图。从图中可以看出，TiO_2/C 前驱体在电解 4 h 后，EDS 图谱中只含有 Ti、C 元素的衍射峰，而没有其他杂峰出现，且其面扫中也只含有 Ti、C 两种元素的衍射峰，并且 Ti、C 两种元素分布较均匀，这表明使用 SOM 法对 TiO_2/C 前驱体电解在 1000 ℃、4.0 V 条件下电解 4 h 后能够得到纯的 TiC 材料。

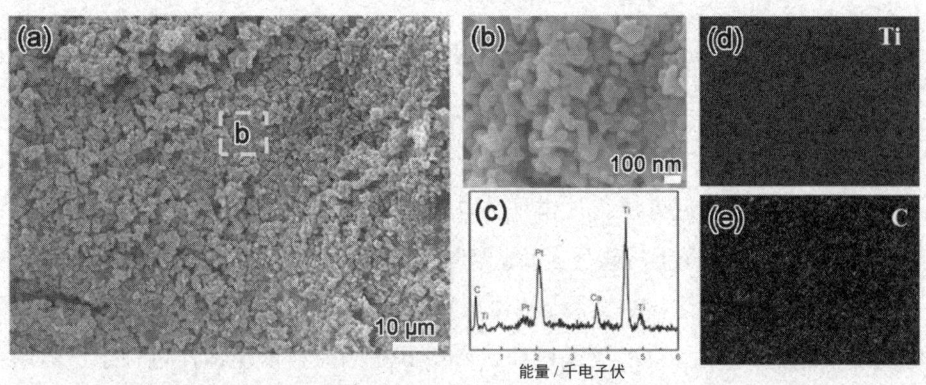

图 3.26 TiO_2/C 前驱体电解 4 h 后产物的 SEM 图以及对应能谱面扫描和 EDS 分析

3.4.3 电解制备 TiC 反应机理探讨

根据前面的实验分析同时结合文献 [17-23]，初步提出了 TiO_2/C 前驱体在 $CaCl_2$ 熔盐中电解脱氧碳化生成 TiC 过程的反应机理模型。图 3.27 为根据实验研究给出的制备 TiC 过程的反应机理示意图。从图中可以看出，反应过程包含了复合过程（即生成 $CaTiO_3$ 的过程）、电解脱氧过程和碳化过程，以及最后的颗粒生长过程。具体的详细反应机理可表述为反应式：

$$TiO_2+CaO\ (Ca^{2+}+O^{2-}) = CaTiO_3\ (\Delta G_{1000\,℃} = -88.4\ kJ/mol) \tag{3-16}$$

$$\alpha\ TiO_2+Ca^{2+}+2e^- = CaTiO_3+Ti_{\alpha-1}O_{2\alpha-3}\ (\alpha = 2, 3, 4\ or\ 5) \tag{3-17}$$

$$TiO_2/CaTiO_3+4e^-+C = TiC+2O^{2-}/+CaO\ (Ca^{2+}, O^{2-}) \tag{3-18}$$

$$Ti_{\alpha-1}O_{2\alpha-3}+2(2\alpha-3)\ e^-+(\alpha-1)\ C=(\alpha-1)\ TiC+(2\alpha-3)\ O^{2-}, (\alpha=2, 3, 4\ or\ 5) \tag{3-19}$$

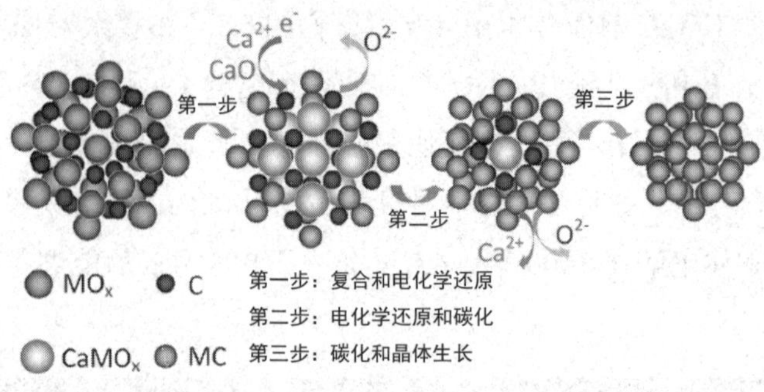

图 3.27 电解 TiO_2/C 制备 TiC 的反应示意图

3.5 本章小结

本章介绍了通过可控熔盐电解方法制备金属碳化物及其复合材料的研究情况，通过透氧膜介质对碳反应物的精确控制，可实现直接从金属氧化物 / 碳前驱体制备金属碳化物和金属碳化物复合材料。以微米级金属氧化物和纳米级金属氧化物，以及微米级碳粉和纳米级碳粉为原料前驱体，进行了透氧膜辅助可控合成微纳米级金属碳化物及多元复合材料研究，成功地制备了 SiC、TiC 和 Cr_7C_3，制备的 SiC 为纳米线结构，其余金属碳化物为微纳米级颗粒结构。考察前驱体在电解脱氧碳化过程中发生的物相转变、反应机理以及生长机制等内容。

参考文献

[1] Fréchette J，Carraro C．Resolving radial composition gradients in polarized confocal Raman spectra of individual 3C-SiC nanowires[J]．Journal of the American Chemical Society，2006，128（46）：14774-14775．

[2] Sundaresan S G，Davydov A V，Vaudin MD，et al．Growth of silicon carbide nanowires by a microwave heating-assisted physical vapor transport process using group VIII metal catalysts[J]．Chemistry of Materials，2007，19（23）：5531-5537．

[3] 赵春荣，杨娟玉，卢世刚．熔盐电解 SiO_2/C 直接制备 SiC 纳米线 [J]. 无机化学学报，2013（12）：2543-2548．

[4] Zou X，Lu X，Zhou Z，et al. Direct electrosynthesis of Ti_5Si_3 / TiC composites from their oxides/C precursors in molten calcium chloride[J]. Electrochemistry Communications，2012（21）: 9-13.

[5] Abdelkader A M，Kilby K T，Cox A，et al. DC voltammetry of electro-deoxidation of solid oxides[J]. Chemical reviews，2013，113（5）: 2863-2886.

[6] Yasuda K，Nohira T，Hagiwara R，et al. Diagrammatic representation of direct electrolytic reduction of SiO_2 in molten $CaCl_2$[J]. Journal of The Electrochemical Society，2007，154（7），E95-E101.

[7] Jiang K，Hu X H，Ma M，et al. "Perovskitization"-assisted electrochemical reduction of solid TiO_2 in molten $CaCl_2$[J]. Angewandte Chemie International Edition，2006（45）: 428-432.

[8] Xiao W，Wang X，Yin H，et al. Verification and implications of the dissolution–electrodeposition process during the electro-reduction of solid silica in molten $CaCl_2$[J]. Rsc Advances，2012，2（19）: 7588-7593.

[9] Zhao J，Li J，Ying P，et al. Facile synthesis of freestanding Si nanowire arrays by one-step template-free electro-deoxidation of SiO_2 in a molten salt[J]. Chemical Communications，2013，49（40）: 4477-4479.

[10] Nishimura Y，Nohira T，Kobayashi K，et al. Formation of Si nanowires by direct electrolytic reduction of porous SiO_2 pellets in molten $CaCl_2$[J]. Journal of The Electrochemical Society，2011，158（6）: E55-E59.

[11] Yang J，Lu S，Kan S，et al. Electrochemical preparation of silicon nanowires from nanometre silica in molten calcium chloride[J]. Chemical Communications，2009（22）: 3273-3275.

[12] Nohira T，Yasuda K，Ito Y. Pinpoint and bulk electrochemical reduction of insulating silicon dioxide to silicon[J]. Nature Materials，2003，2（6）: 397.

[13] Jin X，Gao P，Wang D，et al. Electrochemical preparation of silicon and its alloys from solid oxides in molten calcium chloride[J]. Angewandte Chemie International Edition，2004，43（6）: 733-736.

[14] Lu X，Zou X，Li C，et al. Green electrochemical process solid-oxide

oxygen-ion-conducting membrane（SOM）: direct extraction of Ti-Fe alloys from natural ilmenite[J]. Metallurgical and materials transactions B，2012，43（3）: 503-51.

[15] Zou X，Lu X，Li C，et al. A direct electrochemical route from oxides to Ti-Si intermetallics[J]. Electrochimica Acta，2010，55（18）: 5173-5179.

[16] Zou X，Lu X，Zhou Z，et al. Direct selective extraction of titanium silicide Ti_5Si_3 from multi-component Ti-bearing compounds in molten salt by an electrochemical process[J]. Electrochimica Acta，2011，56（24）: 8430-8437.

[17] Zou X，Chen C，Lu X，et al. Solid oxide membrane（SOM）process for facile electrosynthesis of metal carbides and composites[J]. Metallurgical and Materials Transactions B，2017，48（1）: 664-677.

[18] Zou X，Zheng K，Lu X，et al. Solid oxide membrane-assisted controllable electrolytic fabrication of metal carbides in molten salt[J]. Faraday discussions，2016（190）: 53-69.

[19] Zou X，Lu X，Zhou Z，et al. Electrochemical extraction of Ti_5Si_3 silicide from multicomponent Ti/Si-containing metal oxide compounds in molten salt[J]. Journal of Materials Chemistry A，2014，2（20）: 7421-7430.

[20] Vasudevan A K，Petrovic J J. A comparative overview of molybdenum disilicide composites[J]. Materials Science and Engineering : A，1992，155（1-2）: 1-17.

[21] Juzeliunas E，Cox A，Fray D J. Silicon surface texturing by electro-deoxidation of a thin silica layer in molten salt[J]. Electrochemistry Communications，2010，12（10）: 1270-1274.

[22] Schwandt C，Alexander D T L，Fray D J. The electro-deoxidation of porous titanium dioxide precursors in molten calcium chloride under cathodic potential control[J]. Electrochimica Acta，2009，54（14）: 3819-3829.

[23] Yang X，Yasuda K，Nohira T，et al. Reaction behavior of stratified SiO_2 granules during electrochemical reduction in molten $CaCl_2$[J]. Metallurgical and Materials Transactions B，2014，45（4）: 1337-1344.

第 4 章　熔盐电解制备球形多孔纳米碳材料及其电化学性能研究

4.1 引言

碳化物衍生碳是一种新型多孔纳米材料，以碳化物为原料，通过物理化学方法将碳化物中的金属或者非金属原子去除掉，从而得到碳化物衍生碳。相对其他碳材料，碳化物衍生碳具有更大的比表面积、可调控的孔结构以及孔径分布，这些特点使其拥有更好的电容特性。目前已探知蚀刻条件（例如前驱体、温度、蚀刻剂等）的变化会对所得 CDC 的微结构造成影响，并通过调节这些蚀刻条件来达到调控 CDC 内部结构的目的 [1-3]。然而，目前制备碳化物衍生碳主要以氯化方法为主，氯化过程中的 Cl_2 对人体和环境都是有毒有害的 [4]。随着人们环境保护意识的日益提高，寻找新的环保有效的方法迫在眉睫 [5]。最近，美国德雷塞尔大学（Drexel University）的著名教授 Y. Gogotsi 等研究人员采用电化学方法在 HF/HCl 等溶液中成功实现了从金属碳化物 /MAX 相合成介孔 CDC 材料 [6,7]。其核心理念是通过电化学刻蚀技术实现碳化物中金属原子的去除，从而实现非氯化条件下介孔 CDC 材料的绿色合成。这一电化学刻蚀重构技术对碳基材料微纳结构的可控构筑带来了新的思路 [8]。但低温电化学刻蚀的速率受到限制，同时，低温刻蚀对强酸的依赖也使其受到制约。如能直接通过高温熔盐电化学刻蚀构筑介孔、微孔等微纳结构，将大大提高刻蚀效率，同时实现绿色化刻蚀构筑。但高温熔盐电化学刻蚀目前很少有文献报道，其刻蚀机理及控制机制仍有待探索。

4.2 实验过程

图 4.1 为 SiC 前驱体（福斯曼，纯度为 99.9 %，平均粒度为 100 ～ 500 nm）的 XRD、微观形貌图谱以及宏观形貌图，可以发现前驱体为典型的球状颗粒，为绿色粉末。以球形 SiC 为原料，在其中加入 20%（重量百分比）的聚乙烯醇缩丁醛黏结剂后球磨 24 h 获得细粉；然后在 25 ～ 30 MPa 下压制成薄片作为电解阳极（直径 10 mm，厚度 3 mm，质量 1 g）；以刚玉坩埚为反应容器、分析纯无水氯化钙作为电解质、高纯氩气为保护气体；用高纯石墨碳棒作为电解阴极（长 150 mm，直径 12 mm），分别在 3.2 V、900 ℃条件下对前述 SiC 前驱体片进行选择性电解刻蚀，电极以及反应装置示意图如图 4.2 所示。将电解后所得产物取出，用去离子水浸泡冲洗去除残留熔盐后低温烘干即得最终产物。

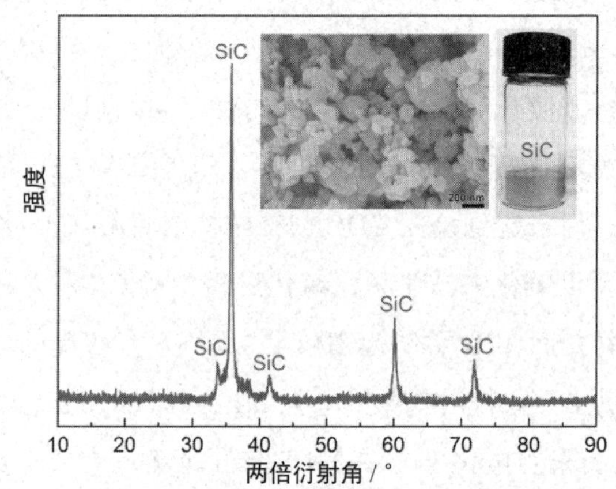

图 4.1 球形 SiC 前驱体的 XRD、微观以及宏观形貌图谱

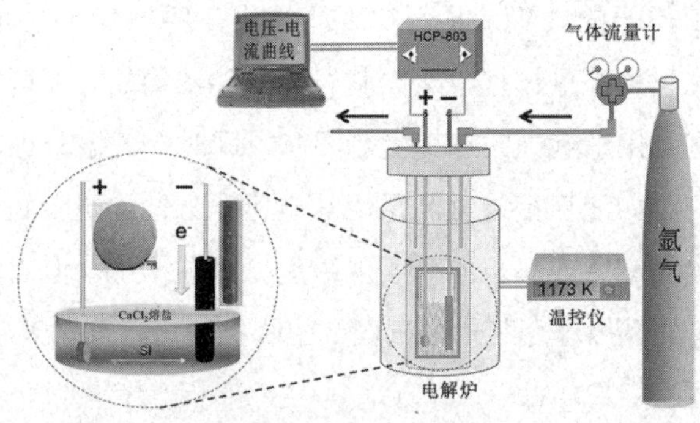

图 4.2 反应装置示意图

如图 4.3 所示为实验反应路线示意图。当外加电场下对 SiC 前驱体片进行电解刻蚀，将 Si 原子从前驱体中刻蚀除去，在这一过程中由于原子的迁移以及熔盐的侵蚀，会使制备的碳材料形成许多孔道结构，最终可以得到多孔结构的 SiC-CDC，并且由于碳化物衍生碳的特性，制备得到的多孔碳材料仍然保持前驱体的球形结构，从而制备出一种新型的球形多孔碳材料。

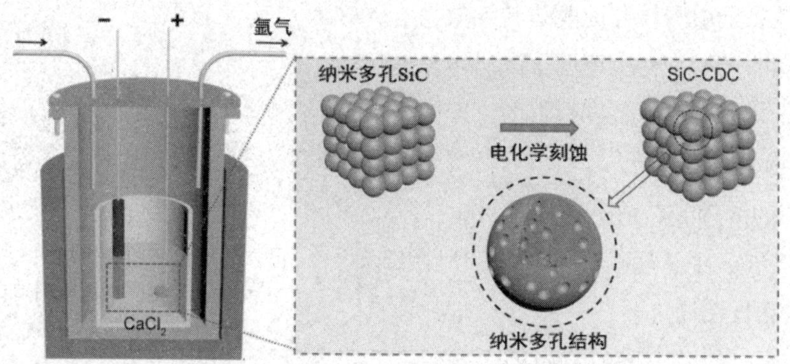

图 4.3 以纳米球形碳化硅为前驱体电化学刻蚀合成多孔球形碳材料示意图

4.3 结果与讨论

4.3.1 电解过程特征分析

SiC 前驱体片在 900 ℃、3.2 V 电压下电解过程中电流随时间的变化曲线如图 4.4 所示。由图 4.4 可以看出，电流曲线开始阶段均是随着电解时间出现急剧的下降。随着电解时间的延长，逐渐会有一个缓慢上升的趋势。电解电流达到一峰值后，开始

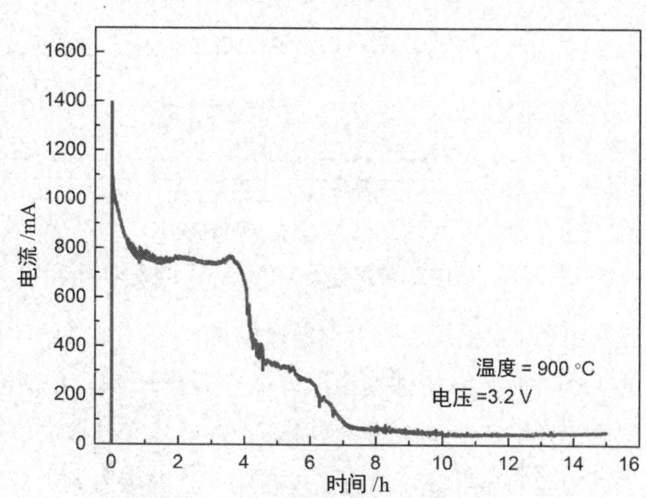

图 4.4 熔盐电解刻蚀碳化硅前驱体在 900 ℃、3.2 V 时电流 - 时间曲线

逐渐下降到一个背景电流值（10 mA 左右），说明此时电解完成。

由图 4.5 可以明显看出，电解所用球形碳化硅前驱体为绿色，当电解完全后，所获得的产物为纯黑色，说明最终的产物在外观上已经完全由碳化硅前驱体转换成具有碳材料外观的产物，初步证明了高温熔盐电解刻蚀碳化物前驱体制备碳材料的可行性。

图 4.5 碳化硅前驱体粉末与电解完全获得的产物宏观对比图

4.3.2 物相变化分析

图 4.6 为 SiC 前驱体片在 900 ℃、3.2 V 电解电压条件下电解不同时间后所收集到的产物 XRD 图谱。

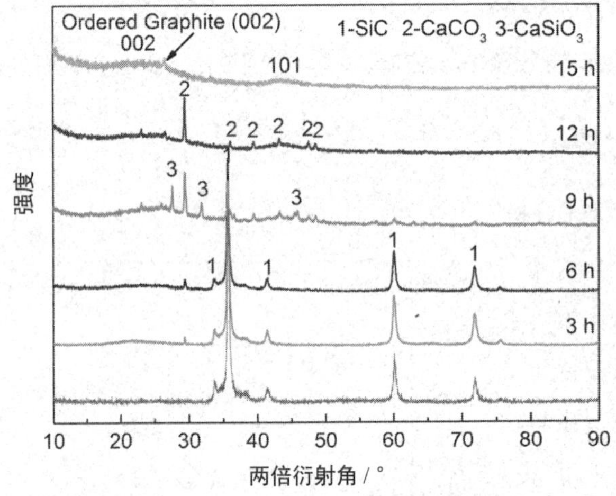

图 4.6 电解电压 3.2 V 下不同电解时间得到的产物 XRD

由图 4.6 可知，随着电解时间的延长，当电解时间达到 6 h 时，产物中的 SiC 的衍射峰的强度逐渐降低，而在～26 ° 会逐渐出现一个强度很弱的宽峰，说明在熔盐电解的作用下，前驱体 SiC 被电解刻蚀转化为碳，而且由生成的碳的衍射峰可以看出，转化而来的碳为无定形碳。此时产物开始出现中间产物 $CaCO_3$，这是因为在氯化钙熔盐中，会存在少量的 CaO，刻蚀制备的碳少量会与其生成 $CaCO_3$。当电解时间达到 9 h 时，会产生电解中间产物：$CaCO_3$，$CaSiO_3$。Si 原子在熔盐迁移的过程中，同样会和 CaO 反应生成 $CaSiO_3$。此时电流达到最大值。当电解 12 h 后，产物中的 $CaSiO_3$ 完全消失，此时中间产物只有 $CaCO_3$。产物 XRD 以 ～ 26° 和 ～ 43° 为中心的两个碳峰强度逐渐增强，～ 26° 出现了尖锐的石墨碳衍射峰，说明碳产物出现石墨化结构的碳，产物有序度有一定的提高。当电解 15 h 时，中间产物 $CaCO_3$ 完全消失，此时电流降到背景电流，最后获得产物只有碳的衍射峰，前驱体和中间产物电解完全。因此，分析认为，SiC 前驱体制备碳化物衍生碳的反应路径为：SiC → $CaCO_3$，$CaSiO_3$，C → C。

图 4.7 为 SiC 前驱体片在 900 ℃、3.2 V 电压条件下电解完全后的产物拉曼图谱。

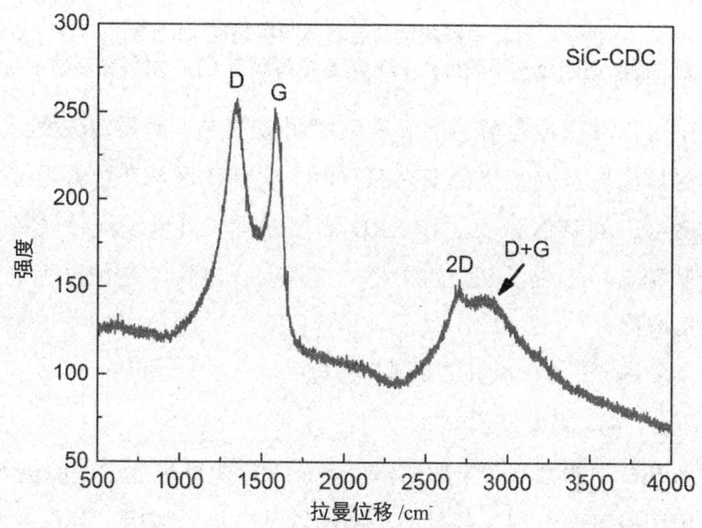

图 4.7　电压电解产物的拉曼光谱图

产物的拉曼光谱在 500 ～ 2500 cm^{-1} 波束范围内都显示了碳的两个特征峰：（1）在 1342 ～ 1353 cm^{-1} 处的 D 峰代表的是晶粒尺寸微小的无定形碳；（2）在 1590 ～ 1601 cm^{-1} 处的 G 峰代表的是石墨 [9-11]。如图 4.7 所示，产物拉曼谱图中代表无定形碳的 D 峰和代表石墨的 G 峰的峰形，是碳的典型峰形。产物的 D 峰和 G 峰的波数分别为 1348 cm^{-1} 和 1577 cm^{-1}。由图可以看出，电解电压为 3.2 V 时，得到的产物的 D 峰与 G 峰两个峰的强度比 R 的值较大。这说明在该电解电压下材料内部碳的分子链遭到破坏，从而使其碳的有序性受到影响，这点与 XRD 结果相符合。这说明，拉曼光谱实验的结果与 XRD 测试结果相吻合，所制备的产物主要以无定形碳为主。

图 4.8 为当电解电压为 3.2 V 电解结束后收集到的石墨碳棒阴极的宏观照片以及对应反应区域的 XRD 图谱。

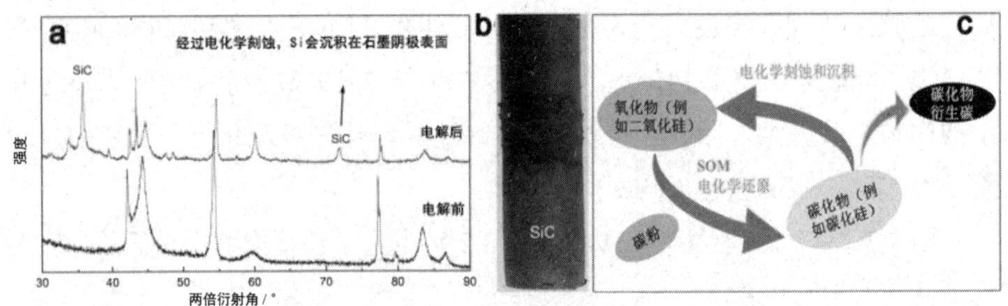

图 4.8（a）电解刻蚀前后石墨阴极表面 XRD 图谱
（b）电解刻蚀后石墨阴极宏观照片，（c）熔盐电解制备 CDC 材料循环技术路线示意图

从图中可以看出，电解后的石墨碳棒阴极发生了明显的改变。所处熔盐一端反应区域由原来的纯黑色变为深蓝色，说明该区域在电解反应之后发生了明显的改变。对该区域表面作 XRD 物相分析，可以发现该区域在原有石墨物相的基础上，生成了 SiC 的物相。这说明在电化学刻蚀过程中，通常会发生以下反应：

$$SiC - 4e^- = Si^{4+} + C\text{（CDCs, 阳极反应）} \quad (4\text{-}1)$$

$$Si^{4+} + 4e^- = Si\text{（阴极反应）} \quad (4\text{-}2)$$

前驱体 SiC 中的 Si^{4+} 在电解的作用下，从前驱体中逐渐脱离进入熔盐中，最后在碳棒阴极表面沉积，并且由于高温以及电场的作用，沉积的 Si 又会与石墨碳棒发生进一步的反应，重新在电极表面生成 SiC。这个结果表明，相对于氯化方法，高温熔盐刻蚀的方法在电解刻蚀的过程中，金属碳化物 MCs 前驱体（如 SiC）的金属元素 M（如 Si）不会形成气态氯化物而浪费掉，而是会以电化学沉积物的形式沉积或者覆盖在阴极上，形成金属沉积层或者新的碳化物，这就意味着 M 元素可以作为中间体，在反应之后将阴极上的产物又重新收集，继续循环利用制备 CDCs 材料，达到可持续发展的目的，同时也更加证明了该方法在未来碳材料制备领域的潜力。

4.3.3 微观形貌结构分析

图 4.9 为电解得到的产物的 SEM 图片以及相应的 TEM 图片。

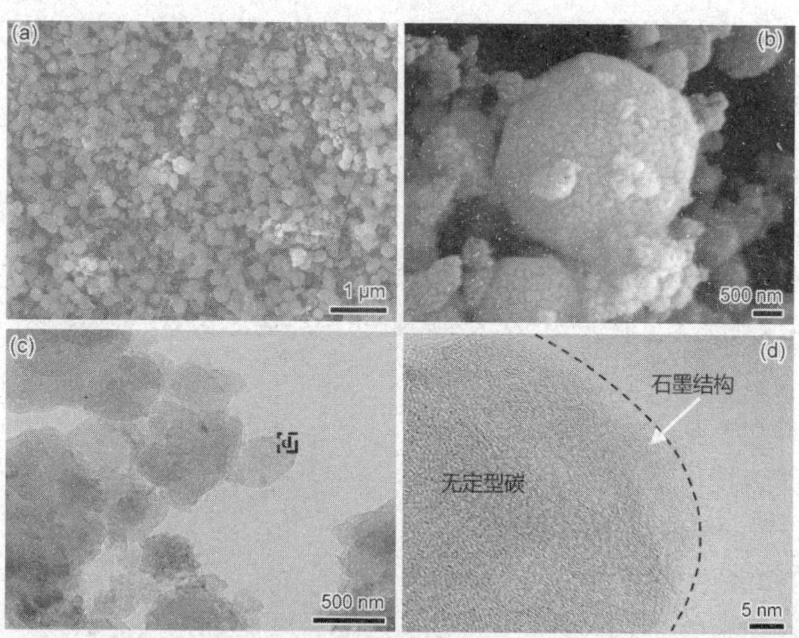

图 4.9 电解得到的最终产物形貌分析图（a）和（b）以及透射分析图（c）和（d）

由图 4.9（a）和（b）可以发现，制备得到的产物仍然保持前驱体的球形结构，这与碳化物衍生碳的特性相一致，说明利用高温熔盐电解制备得到的碳化物衍生碳与氯化法制备得到的产物在其结构保持性上是一致的。电解制备得到的产物的表面发生了比较大的变化，表面逐渐变得粗糙不平整，球形结构有坍塌的趋势，出现了明显的刻蚀痕迹。而且由于产物内部结构遭到破坏，致使球形结构发生塌陷，直径有所减小。这种变化会导致电解得到的产物的比表面积会有所不同。

透射电子显微技术可从原子尺度上直观体现所得材料内部的微观结构。图 4.9（c）和（d）展示了不同电解电压下得到的产物的高分辨透射图片。随着电解蚀刻的进行，所得碳化物衍生碳的微观结构逐渐由无序向有序转变。由图 4.9（c）和（d）为电解得到的产物的 TEM 图片，可以很明显地发现，与图 4.9（a）和（b）一致，利用高温熔盐电解的碳化物衍生碳的产物仍然保持前驱体球形结构。由图 4.9（d）可以看出，电解电压为 3.2 V 得到的产物主要由无定形碳组成，没有明显可见的石墨化的结构。少量石墨化结构的碎片在其最外层存在着，这些石墨碎片的尺寸大小主要集中在 3 ～ 5 nm，并且朝着不同方向错乱排列。说明此时得到的产物混合着大量的无定形碳以及少量的有序度较高的石墨化结构。碳化物衍生碳的微观结构与它的孔结构是息息相关的。

4.3.4 孔结构分析

碳材料的孔极大地依赖于其微观结构。图 4.10 展示了电解得到的产物的氮气吸附脱附等温曲线及孔尺寸分布曲线。SiC-CDC 的等温线如图 4.10（a）所示，很明显，样品的等温线存在小的滞后，这通常与多孔结构有关。SiC-CDC 具有 881 m^2/g 的 BET 比表面积和 0.71cm^3/g 的总孔体积，其 BET 比表面积是 SiC 前驱体（26 m^2/g）的近 40 倍。当金属原子从碳化物晶格中提取时，剩余的碳形成多孔的 CDCs 结构。因此，通过从 SiC 相刻蚀 Si 原子并消除 Si 区域形成微孔和中孔。因此，从图 4.10（b）可以观察到，产物具有宽的孔径分布，平均孔径为 1.3 ～ 3.1 nm，表明存在中孔和纳米孔。

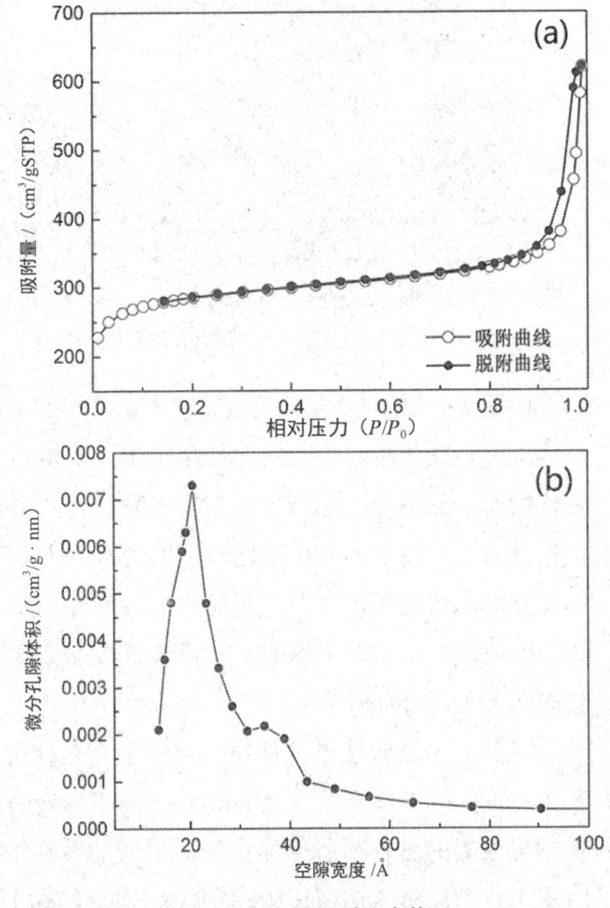

图 4.10 电解得到的产物

（a）氮吸附脱附曲线图，（b）孔径分布图

图 4.10（a）是电解制备的碳化物衍生碳产物的氮气吸脱附等温线。通过

吸脱附等温线可以看出，电解产物在低分压区（$P/P_0 < 0.1$）氮气的吸附量较高，只在低压条件下吸附氮气，吸附量在相对压力增加时几乎没有增加，这意味着所得材料中的孔主要由微孔组成。在高压区（$P/P_0 > 0.8$）氮气吸附量急剧上升且存在回滞环。产物在低压区间氮气吸附量增加显著，表明所得样品中有更多的微孔存在，且随着相对压力的增加其吸附总量也在增加，这表明在此条件下所生成的 CDC 中有更多的微孔生成，同时伴随着中孔的产生，但是中孔的总数以及孔径大小较小。此外高压区间的明显迟滞线也进一步说明了材料中有较多中孔结构的存在。此外产物的高压区间存在明显的迟滞线也进一步说明了材料中有较多中孔结构的存在。

为了进一步调查电解蚀刻电压对所得 CDC 孔结构的影响，蚀刻所得 CDCs 的孔径分布陈列在图 4.10（b）。可以明显看出，产物双峰孔隙结构和孔径逐渐变大。对于超级电容器而言，完美的电极碳材料应该是微孔结构与中孔结构式共存的，因为在储能过程中，实际的反应是在微孔结构中进行，而中孔结构为反应过程中电解液提供了快速的反应通道，二者相辅相成。

可以发现，利用熔盐电解制备的碳化物衍生碳具有较大的比表面积和丰富的孔结构分布，主要由大量的微孔与中孔组成，制备的样品的比表面积较大，孔径尺寸分布合理。

4.3.5 反应过程探讨

图 4.11 为反应一段时间后电极片的宏观图片以及相应区域的 SEM 图和元素能谱面扫图谱。

由图 4.11(a) 可以明显看出反应前后的电极片已经发生明显的宏观变化。反应一段时间后的电极片的边缘已经由原来的绿色变成黑色，厚度大概在 1～2 mm，说明此时的 SiC 前驱体电极片的外部已经被碳化，所以呈现黑色。由图 4.11（b）可以看出，反应前后前驱体的结构并不发生变化。图 4.11（c）和（d）的元素面扫谱图可以明显地看出反应一段时间后电极片的元素分布情况，最外层黑色区域的 Si 元素已经移除，C 元素仍然保留。由此可以证明，高温熔盐电解碳化硅前驱体阳极片制备碳化物衍生碳是一个由外而内、逐渐反应的径向反应过程。

图 4.11（a）反应前后前驱体片的宏观对比图,（b）相应反应区域的 SEM 图，（c）、（d）反应区域的 C 和 Si 元素面扫图谱

4.4 本章小结

本章节介绍了以球形 SiC 为前驱体，利用高温熔盐电解的方法，电解温度为 900 ℃，在 3.2 V 电解电压下，制备了具有特殊结构的碳材料，并对反应过程进行了系统研究，结论如下：

当电压为 3.2 V 时，相应地电解 15 h 即可电解完全，得到最终产物。分析发现得到的产物为保持前驱体球形结构的碳颗粒，这种结构有利于其在超级电容器储能的应用。电解过程是一个金属原子由外层向内层逐渐脱出的径向过程。当电压为 3.2 V 时，产物的比表面积也随之增大，达到 881 m^2/g；有序度较低，主要为无定形碳，几乎没有发现石墨化的结构。

参考文献

[1] Kormann M，Gerhard H，Popovska N．Comparative study of carbide-derived carbons obtained from biomorphic TiC and SiC structures[J]．Carbon，2009，

47（1）：242-250.

[2] Presser V，Heon M，Gogotsi Y. Carbide-Derived Carbons-From Porous Networks to Nanotubes and Graphene[J]. Advanced Functional Materials，2011，21（5）：810-833.

[3] Zhang H，Hu C，Lv J，et al. Microstructure and adsorption property of nanocarbide-derived carbon（CDC）synthesized at ambient temperature[J]. Materials Letters，2014（130）：188-191.

[4] Zhang L，Qin X，Shao G，et al. A new route for preparation of titanium carbide derived carbon and its performance for supercapacitors[J]. Materials Letters，2014（122）：78-81.

[5] Korenblit Y，Rose M，Kockrick E，et al. High-rate electrochemical capacitors based on ordered mesoporous silicon carbide-derived carbon[J]. Acs Nano，2010，4（3），1337-1344.

[6] Lukatskaya M R，Halim J，Dyatkin B，et al. Room-temperature carbide-derived carbon synthesis by electrochemical etching of MAX phases[J]. Angew Chem Int. Ed，2014（53）：4877-4880.

[7] Zhao M Q，Sedran M，Ling Z，et al. Synthesis of carbon/sulfur nanolaminates by electrochemical Extraction of titanium from Ti_zSC[J]. Angew Chem Int. Ed，2015（54）：4810-4814.

[8] Gogotsi Y. Not just grapheme：the wonderful world of carbon and related nanomaterials[J]. MRS Bulletin，2015（40）：1110-1121.

[9] Tuinstra F，Koenig J L. Characterization of graphite fiber surfaces with Raman spectroscopy[J]. Journal of Composite Materials，1970，4（4）：492-499.

[10] Ferrari A C，J Robertson. Interpretation of Raman spectra of disordered and amorphous carbon[J]. Physical Review B，2000，61（20）：14095-14107.

[11] Robertson，J. Amorphous Carbon[J]. Advances in Physics，1986，35（4）：317-374.

第 5 章　熔盐电解制备新型二维碳基纳米材料

5.1 引言

在过去的几十年内，二维纳米材料，诸如石墨烯以及 MoS_2，因为其独特的性能，已经广泛地应用于超级电容器、锂电池以及晶体管等领域[1-5]。典型的二维材料因其独立的晶体结构，使其相对于三维材料拥有更多的性能。目前制备二维材料的方法主要有两种：第一种是物理方法，例如剥离石墨材料制备石墨烯；第二种是选择性抽离过程，如制备二维过渡金属碳化物[6]。然而，因为石墨烯优异的性能，目前市面上的二维材料以石墨烯为主[7]。其他的二维材料，例如硼氮化物、过渡金属硫化物、金属氧化物、氢氧化物以及沸石等，需要更多的关注[8-13]。

MAX 是一种新型的三元层状碳化物材料，因其兼具了传统金属材料及陶瓷材料各自特点引起了人们的广泛关注。MAX 相材料可以用 $M_{n+1}AX_n$ 的通式来表示。其中，M 为过渡族金属元素，A 为第三及第四主族里的一些元素，X 代表碳或者氮原子，n=1 ～ 3。如图 5.1 所示为可能的 M、A 及 X 元素在元素周期表中的位置[14-17]。

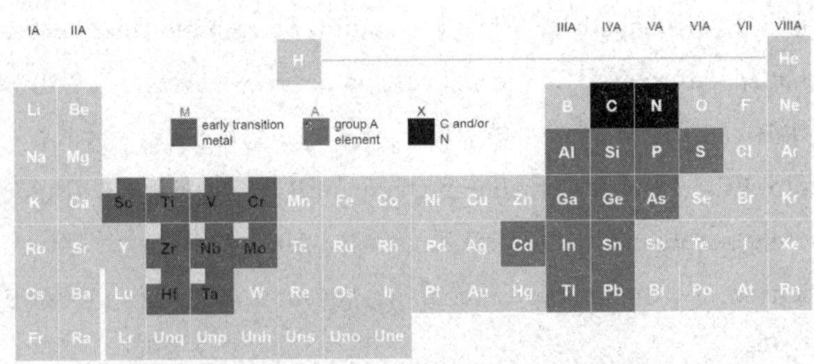

图 5.1 MAX 相元素在元素周期表中的位置

MAX 相陶瓷独特的晶体结构赋予了它特殊的化学键特征：电子结构研究表明 M—X 之间以强的共价键和离子键结合，M—A 之间以较弱共价键和金属键结合，M—M 之间以金属键结合 [18-22]。利用 MAX 相中的弱结合的特点，可以去除 A 层，剩下 MX 片层，从而得到一种新型的二维碳化物，称之为“MXene”，其形貌与石墨烯类似 [23-25]。MXene 因其独特的结构，使其拥有非常好的导电性以及亲水性，可以应用于储氢、化学吸附等多个领域 [26-28]。

Ti_3SiC_2 是目前应用最广泛的 MAX 相材料，以之为前驱体，既可以通过氢氟酸在室温下浸泡得到 MXene 材料，也可以通过高温氯化的方法得到 CDC 碳材料，但是这两种方法都会对环境造成破坏。在前期的研究过程中，我们分别以 SiC 和 Ti_3AlC_2 为前驱体，利用熔盐电解刻蚀的方法，在 3.2 V 和 2.5 V 的电解条件下，分别成功得到多孔碳以及 TiC_x 材料 [6,26]。本章在之前工作的基础上，首次提出以 Ti_3SiC_2 为前驱体，通过调节电解电压，选择性地将 Si 和 Ti 原子去除，制备具有二维结构特点的材料，通过各类分析，证明得到的产物的二维结构特性。相对于传统的方法，尤其是高温氯化法，这种方法更符合当代社会对于环境保护的要求。

5.2 实验过程

图 5.2 为 Ti_3SiC_2 前驱体的 XRD 与形貌图谱以及制备好的前驱体，可以发现前驱体为典型的层状结构，原料符合 MAX 相的结构要求。以 Ti_3SiC_2 为原料（福斯曼，纯度为 98%，平均粒度为 200 目），在其中加入 20 %（重量

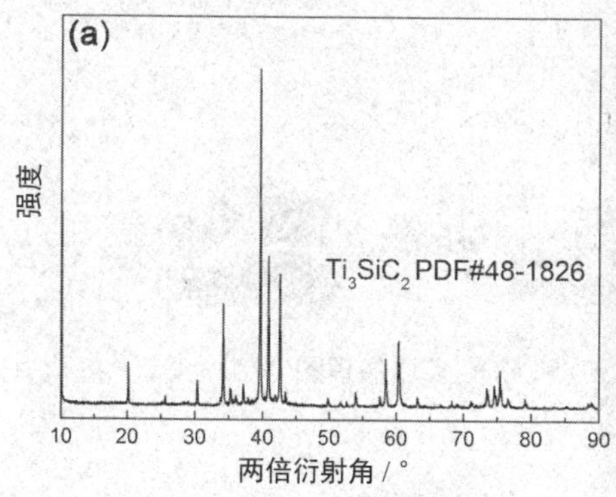

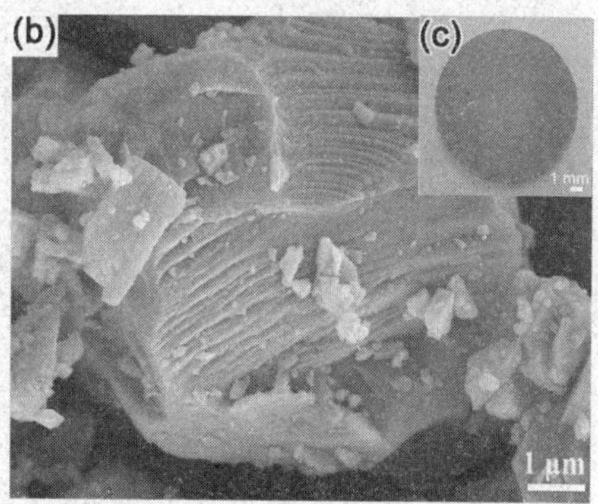

图 5.2 （a）Ti_3SiC_2 前驱体的 XRD，（b）形貌图谱，（c）制备好的电解阳极

百分比）的聚乙烯醇缩丁醛黏结剂后球磨 24 h 获得细粉；然后在 25 ～ 30 MPa 下压制成薄片作为电解阳极（图 5.2（c））；以刚玉坩埚为反应容器、分析纯无水氯化钙作为电解质、高纯氩气为保护气体；用高纯石墨碳棒作为电解阴极，分别在 2.5 V 和 3.0 V 条件下对 Ti_3SiC_2 前驱体片进行选择性电解刻蚀，反应装置如图 5.3 所示。将电解后所得产物取出，用去离子水浸泡冲洗去除残留熔盐后低温烘干即得最终产物。

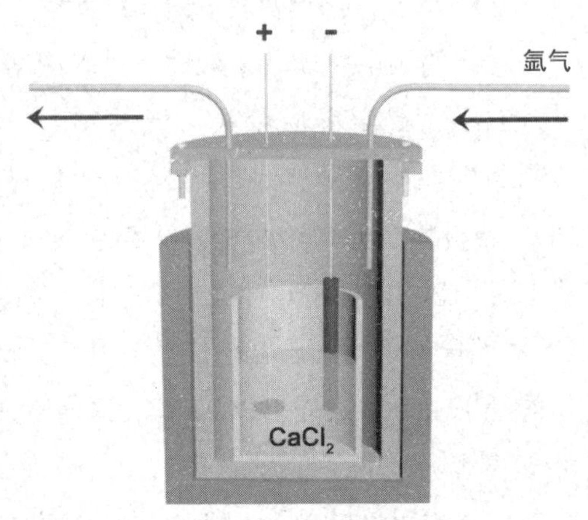

图 5.3 反应装置示意图

图 5.4 为实验反应路线示意图。当 2.5 V 条件下对 Ti_3SiC_2 前驱体片进行选择性电解刻蚀，利用 Si 原子相对 Ti 和 C 结合力弱的特点，将 Si 层从前驱体中刻蚀除去，最终得到层状结构的 Ti_xC_y；当电解电压提高到 3.0 V 时，可以将 Si 和 Ti 同时从前驱体中除去，只留下 C，并且依然保持前驱体的层状结构，得到丝绸状结构类石墨烯的碳薄膜产物。

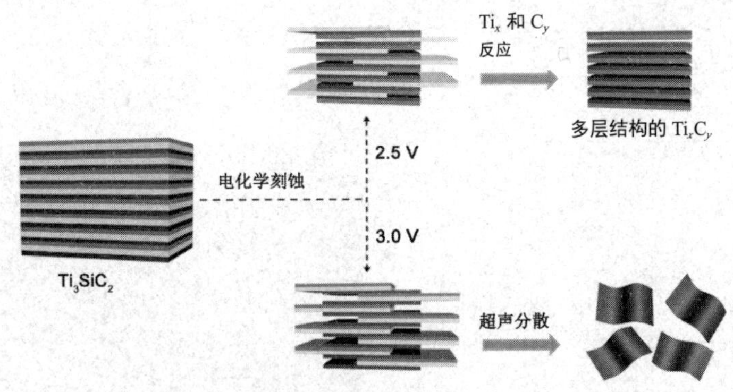

图 5.4 制备二维材料 Ti_xC_y 和 CDC 实验原理图

5.3 熔盐电解制备 Ti_xC_y

5.3.1 电解过程特征分析

Ti_3SiC_2 前驱体片在 900 ℃、2.5 V 条件下电解过程中电流随时间的变化曲线如图 5.5 所示。由图 5.5 可以看出，电解开始很短的时间内，电解池就达到了一个稳定的状态。电解 10 h 后逐渐稳定在背景电流的水平（200 mA 左右），表明电解 10 h 后反应基本完成。

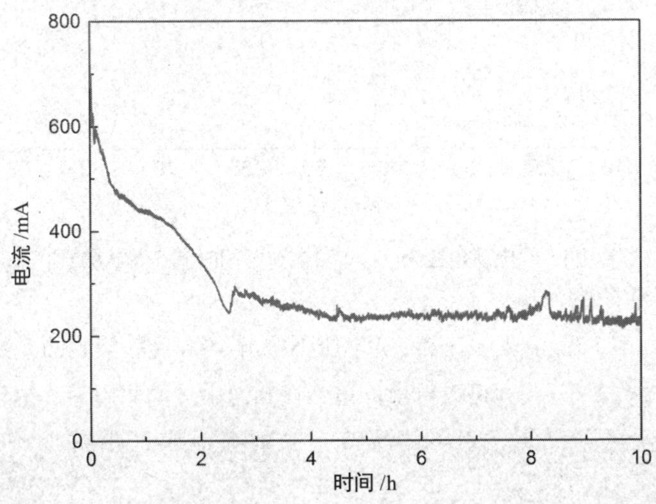

图 5.5　电解电压为 2.5 V 时电流 - 时间曲线

5.3.2 物相变化分析

图 5.6 为 Ti_3SiC_2 前驱体片在 900 ℃、2.5 V 条件下电解不同时间后所收集到的产物 XRD 图谱。

从图中可以看出，在电解 2 h 后，产物中出现少量的 TiC 衍射峰。这表明在电解 2 h 后，阳极片中 Ti_3SiC_2 和 TiC 共存。随着电解时间的延长，Ti_3SiC_2 衍射峰强度逐渐减弱，TiC 的衍射峰逐渐增强。当电解时间延长到 10 h 后，产物中只含有单一的 TiC 的衍射峰。这表明在电解 10 h 后，在阴极中获得纯的 TiC。因此，分析认为，反应路径为 $Ti_3SiC_2 \rightarrow Ti_3SiC_2$，$TiC \rightarrow TiC$。这意味着在电解电压为 2.5 V 时，Si 原子已经从前驱体中被全部刻蚀去除，剩下的 Ti 和 C 原子在高温的作用下结合生成 TiC，并且在 2.5 V 的电压下保持稳定的状态。

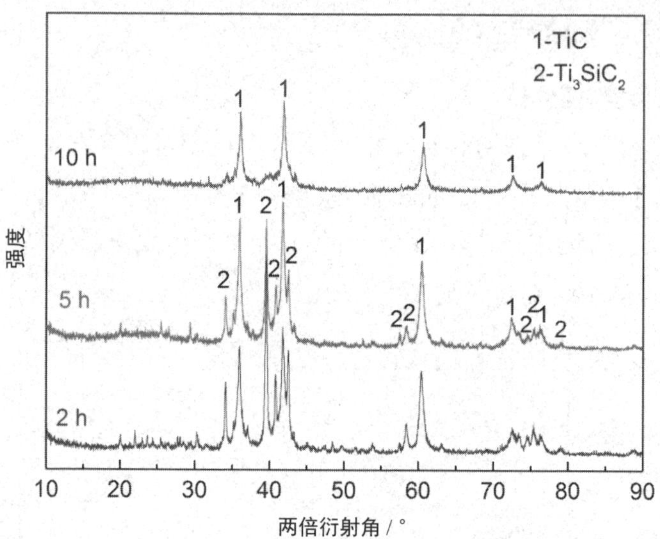

图 5.6 电解电压为 2.5 V 时电解不同时间产物 XRD

5.3.3 微观形貌结构分析

图 5.7 为 Ti_3SiC_2 前驱体在 2.5 V 电压下电解 10 h 后收集到的产物微观形貌图。从图 5.7（a）～（c）可以看出，虽然在高温烧结的作用下，得到的产物具

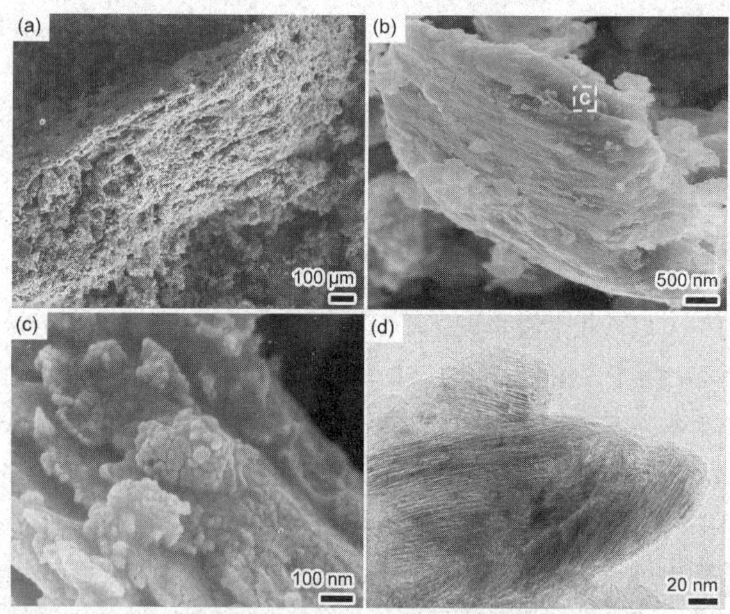

图 5.7（a）～（c）为电解电压为 2.5 V 得到的最终产物 TiC 的形貌分析图，（d）为对应的透射分析图

有较大的块状，在块体的表面还有许多小的颗粒堆积，但是得到的 TiC 产物依然保持了前驱体的层状结构，说明最终产物如 MXene 材料是二维结构 [29]。由图 5.7（d）可以清晰地看出，当 Si 层被刻蚀剥离之后，生成的 TiC 片层堆积在一起，从而证明最终产物的结构与预期的一致。而这种独特结构的 TiC 在诸如储能等方面拥有非常广阔的应用前景 [30]。

5.3.4 孔结构分析

图 5.8（a）是制备的 TiC 产物的氮气吸脱附等温线。通过吸脱附等温线可以看出，在低分压区氮气的吸附量较高，对应微孔对气体的少量吸附。在中分压区存在稳步上升的台阶，这是小孔径中孔的特征。在高压区氮气吸附量急剧上升且存在回滞环，产物存在较大的中孔结构。BET 方法计算样品的比表面积为 653 m^2/g，孔隙容积为 0.57 cm^3/g。制备的 TiC 比表面积远远大于由酸溶液还原法制备的 MXene 材料（<400 m^2/g）[31]。图 5.8（b）是制备的 TiC 产物孔径分布曲线。BJH 孔径分析显示，TiC 样品有 2 nm 左右的狭窄孔径分布。这一结果也与图 5.7 呈现的结果一致，说明在刻蚀去除 Si 元素的同时，同时对产物的比表面积以及多孔性产生了影响。

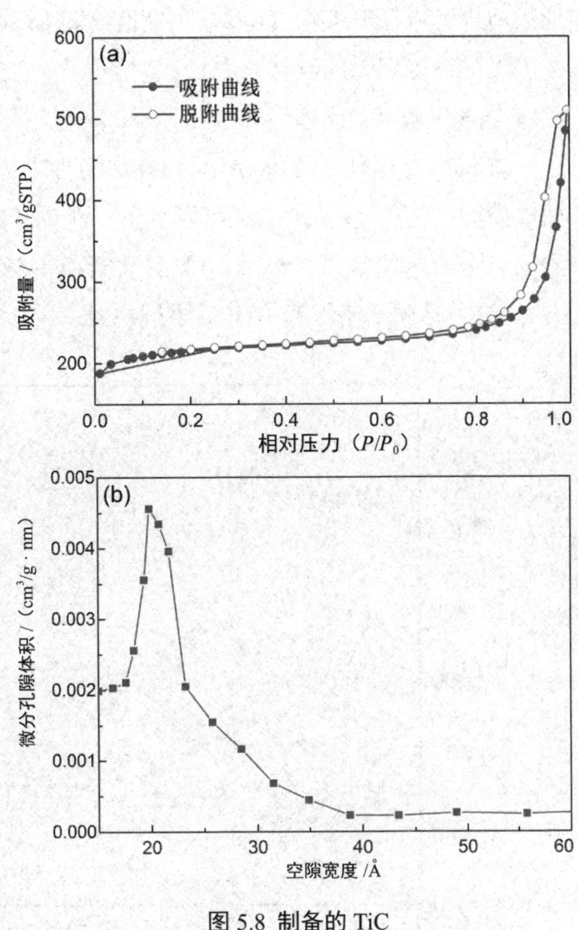

图 5.8　制备的 TiC

（a）氮吸附脱附曲线图，（b）孔径分布图

5.4 熔盐电解制备碳纳米薄膜材料

通过上述实验可以发现，在电解电压为 2.5 V 时，只有 Si 原子从前驱体中被全部刻蚀去除，剩下的 Ti 和 C 原子在高温的作用下结合生成 TiC，并且在 2.5 V 的电压下保持稳定的状态。在之前的工作中，我们以 SiC 前驱体，利用熔盐电解刻蚀的方法，在 3.2 V 电解条件下，得到多孔碳。因此，我们通过将电解电压升高至 3.0 V，以期能够将 Si 和 Ti 原子从前驱体中全部刻蚀去除，最终得到纯的碳材料。

5.4.1 电解过程特征分析

Ti_3SiC_2 前驱体片在 900 ℃、3.0 V 条件下电解过程中电流随时间的变化曲线如图 5.9 所示。由图 5.9 可以看出，电解开始很短的时间内，电解池就达到了一个稳定的状态。电解 10 h 后逐渐稳定在背景电流的水平（300 mA 左右），这个时候说明电解 10 h 后电解完成。

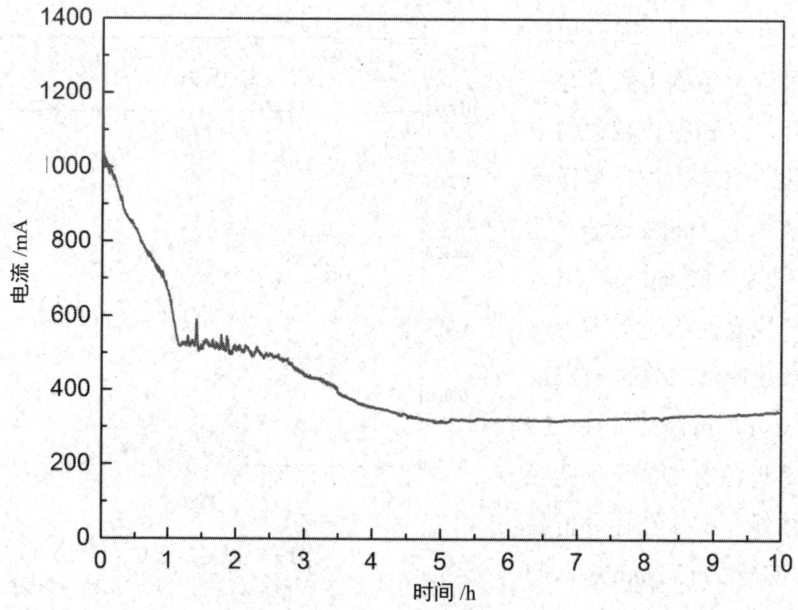

图 5.9 电解电压为 3.0 V 时电流 - 时间曲线

5.4.2 物相变化分析

图 5.10 为 Ti_3SiC_2 前驱体片在 900 ℃、3.0 V 条件下电解 10 h 后所收集到的产物 XRD 图谱。

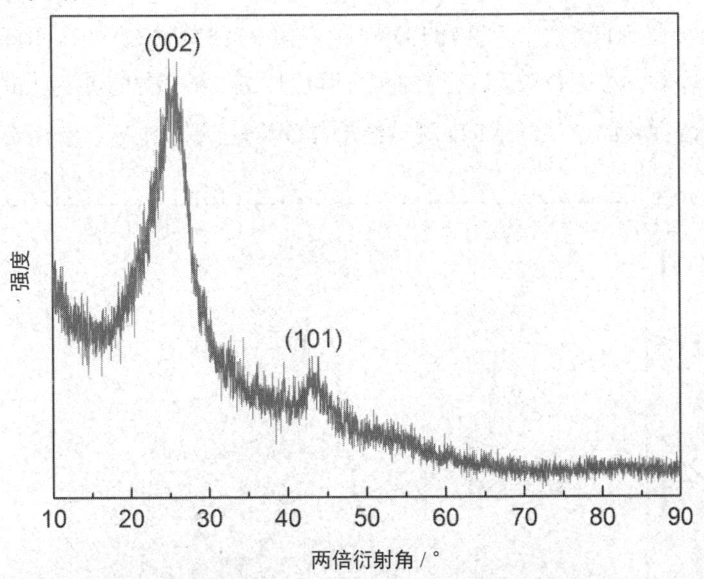

图 5.10　电解电压为 3.0 V 时电解得到的产物 XRD

从图中可以看出，电解得到的产物中已经没有前驱体的物相衍射峰了，说明 3.0 V 电压下电解 10 h 前驱体电解完全。XRD 图谱中出现了以 2θ 角 ～26°（002）和 ～43°(101）为中心的两个衍射峰，由前文可知为典型的碳衍射峰。3.0 V 电解条件下刻蚀制备的产物的 XRD 图在 ～26° 处有强度较低的衍射峰存在，峰宽较窄但依然具有无定形碳非晶衍射峰的特征，且低角度的衍射主要被无序碳的（002）衍射宽峰所占据，能检测到的有序石墨（002）衍射峰非常微弱，这表明利用熔盐电解刻蚀所得的产物以无定形碳为主，但是具有少量的石墨化程度较低的碳组分；在高衍射角处，～42°（2θ）附近存在一个强度较低的衍射宽峰，对应石墨的（101）衍射晶面，即石墨结构的层内衍射，说明石墨化片层较大。XRD 谱图并未发现石墨所对应的尖锐峰，也未发现 TiC 衍射峰，说明在 3.0 V 条件下，可以将 Si 和 Ti 原子全部从前驱体中刻蚀除去，最终制备碳材料，且制备的碳材料主要为无定形碳，含有少量的石墨化程度较低的碳组分。

图 5.11 为 Ti_3SiC_2 前驱体片在 900℃、3.0 V 条件下电解 10 h 后所收集到的产物拉曼图谱。拉曼光谱显示的是代表晶粒尺寸微小无定形碳的 D 峰和代表石墨的 G 峰，这两个特征峰分别处在在 1342 ～ 1353 cm^{-1} 和 1590 ～ 1601 cm^{-1} 处（图 5.11）[32]。产物的 D 峰和 G 峰的波数分别为 1343 cm^{-1} 和 1585 cm^{-1}，无序结构的 D 峰和 G 峰的积分强度比 R（$R=ID/IG$）为 1.17。这说明，拉曼光谱实验的结果与 XRD 测试结果相吻合，该材料为无定形碳。

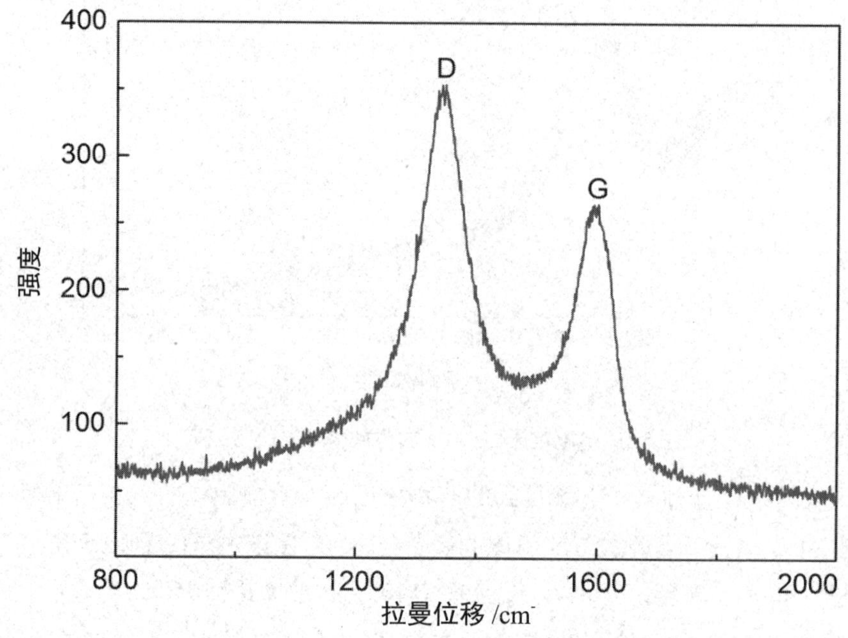

图 5.11 电解产物的拉曼光谱图

5.4.3 形貌结构分析

图 5.12 为 Ti_3SiC_2 前驱体片在 900 ℃、3.0 V 条件下电解 10 h 后所收集到的产物 SEM 形貌图以及相应的 EDS 元素分析图谱。

由图 5.12（a）可以看出，在电解电压为 3.0 V 的条件下，前驱体中的 Si 层与 Ti 层已经被完全剥离，最终留下 C 层，并且仍保持着前驱体的层状结构，平均厚度在 30 nm 左右，且多层的碳结构平行排序，相互之间的空隙在 200 nm 左右。将图 5.12（a）中的产物经过超声振荡，将碳层剥离开，得到单一的碳薄片，如图 5.12（b）所示。此时，得到的产物结构更加清晰，为明显的碳薄片或者薄膜结构。从图 5.12（c）可以看出，得到碳片的表面出现了很多的裂痕，推测认为是由于电场的作用力以及元素迁移过程中造成的，从而可以直观地看出得到的产物为多孔纳米碳材料。图 5.12（d）元素分析再次证明得到的最终产物为碳材料，这也说明，EDS 元素分析的结果与 XRD 测试结果相吻合。

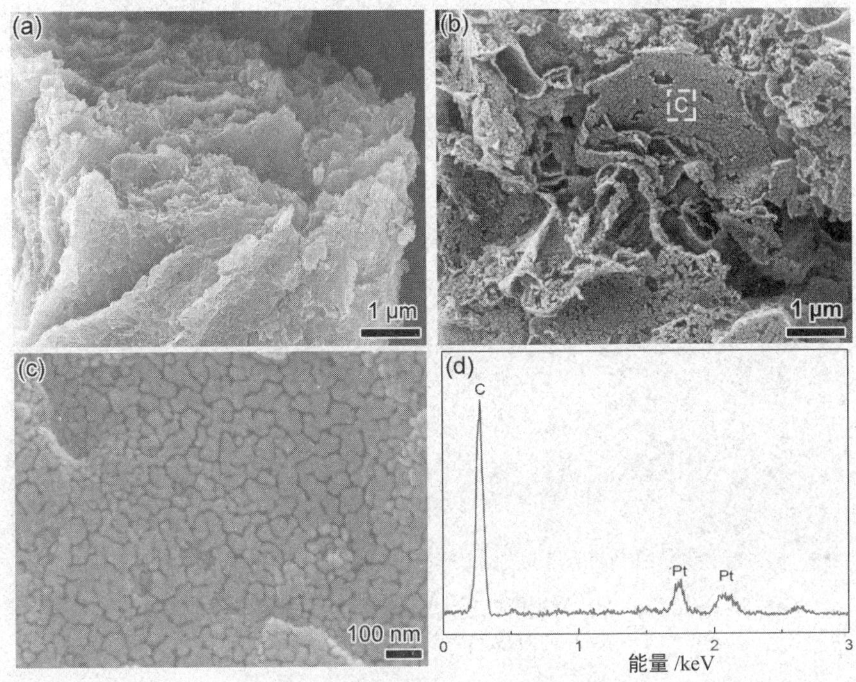

图 5.12（a）～（c）为电解电压为 3.0 V 得到的最终产物的形貌分析图，（d）为对应的 EDS 分析图

图 5.13 为 Ti_3SiC_2 前驱体片在 900 ℃、3.0 V 条件下电解 10 h 后所收集到的产物透射形貌图。图 5.13（a）～（c）为利用超声振荡得到的产物（图 5.12（b））的 TEM 图片，可以很明显地发现，超声后的产物由于彼此的分开形成了单一的碳层薄片，在投射下形成了丝绸状形态，类似于石墨烯结构。这充分说明了在电解电压为 3.0 V 的条件下，Ti_3SiC_2 前驱体中的 Si 层与 Ti 层可以很好地被剥离掉，剩下的碳原子仍然可以保持非常好的薄层结构，呈现出类似于石墨烯的碳材料。由图 5.13（d）在 HRTEM 下可以看出得到的产物主要为无定形碳结构，但是存在着少量石墨化结构的带状碳，说明得到的产物

混合着大量的无定形碳以及少量的有序度较高的石墨化结构。

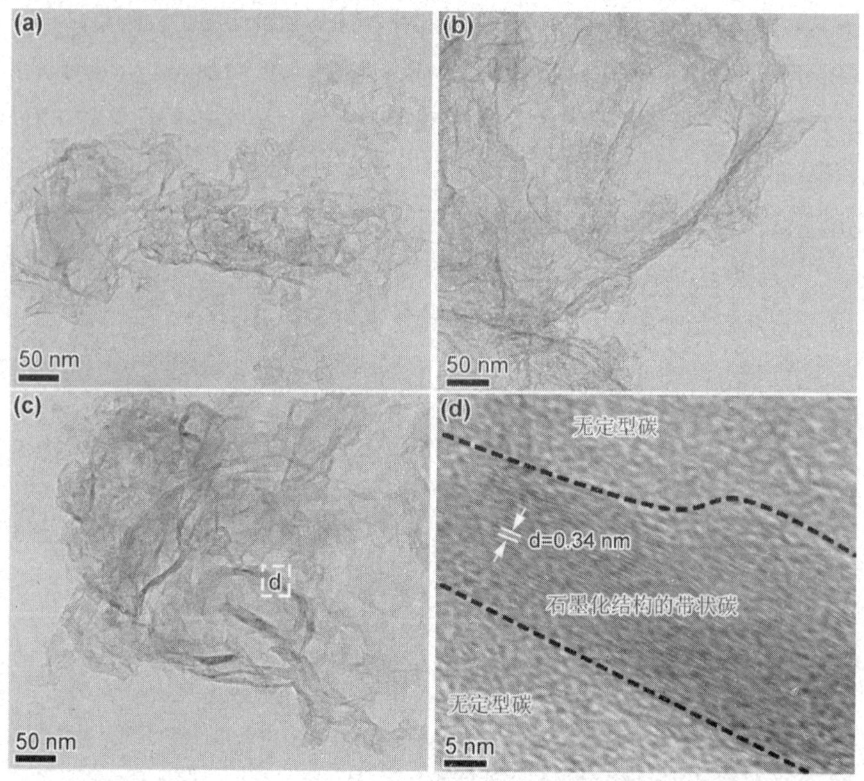

图 5.13（a）～（c）为电解电压为 3.0 V 得到的最终产物的 TEM 图，（d）为对应的 HRTEM 透射分析图

5.4.4 孔结构分析

图 5.14（a）是在电解电压为 3.0 V 条件下电解所得产物的氮气吸脱附等温线。通过吸脱附等温线可以看出，在低分压区氮气的吸附量较低，中分压区氮气的吸附量迅速上升，而到了高分压区氮气吸附量急剧增加，存在明显的回滞环，表明所得材料中的微孔较少，孔的组成主要被较大的中孔所占据，这与材料中存在的少量的石墨化结构有关。BET 方法计算样品的比表面积为 623 m^2/g，孔隙容积为 2.06 cm^3/g。制备的碳纳米薄片材料比表面积远远大于石墨烯的比表面积（267 m^2/g）[33]。图 5.14（b）是制备的碳纳米薄片材料孔径分布曲线。BJH 孔径分析显示碳纳米薄片材料有 20.0 ～ 70.0 nm 左右的狭窄孔径分布。这一结果也与图 5.12 呈现的结果一致。说明在刻蚀去除 Si

元素和 Ti 元素的同时，同时对产物的比表面积以及多孔性产生了影响。这种独特的拥有良好孔结构的碳纳米薄层材料在超级电容器、锂电池以及传感器等领域具有非常大的应用潜力[34]。

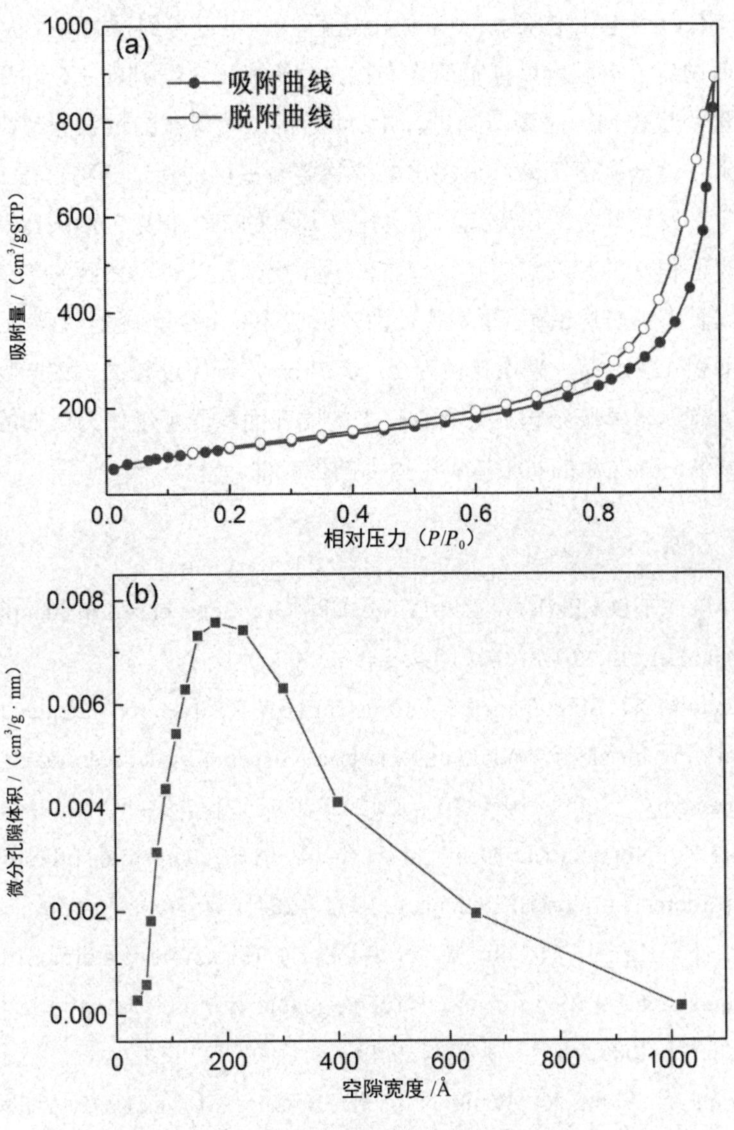

图 5.14 制备的碳纳米片层材料

（a）氮吸附脱附曲线图，（b）孔径分布图

5.5 本章小结

本章节介绍了以 Ti_3SiC_2 为前驱体，利用熔盐电解的方法，通过调节电压的方式，可以得到不同的电解产物。当电压电压为 2.5 V 时，电解 10 h 可以得到 TiC；当电压电压为 3.0 V 时，电解 10 h 可以得到成纳米片状无定形碳，说明通过调节电压可以控制最终产物。分析发现，得到的 TiC 和无定形碳产物均呈片状排列。对碳产物进行 TEM 分析，发现在经过强烈超声之后，更薄的碳片逐渐剥落下来，呈现出丝绸状类石墨烯的特征结构，在 HRTEM 的观察下，发现其主要以无定形碳为主。制备的 TiC 和无定形碳都具有比较大的比表面积，具有较宽的孔径分布，中孔及微孔共存，得到的 TiC 为片层排列，比表面积 653 m^2/g，平均孔径为 2 nm 左右；得到的无定形碳为片层排列，比表面积 623 m^2/g，平均孔径为 20 ～ 70 nm，无序度较高，该产物呈现类石墨烯的碳纳米薄膜结构，且具有较大的比表面积，可以作为后期的掺杂、负载的载体，为之后的实验提供了很多的可能性。

参考文献

[1] Stoller M D，Park S，Zhu Y，et al．Graphene-based ultracapacitors[J]．Nano Letters，2008，8（10）：3498-3502.

[2] Bizeto M A，Shiguihara A L，Constantino V R．Layered niobate nanosheets：building blocks for advanced materials assembly[J]．Journal of Materials Chemistry，2009，19（17）：2512-2525.

[3] Sato K，Noguchi M，Demachi A，et al．A mechanism of lithium storage in disordered carbons[J]．Science，1994，264（5158）：556-558.

[4] Yoo E，Kim J，Hosono E，et al．Large reversible li storage of graphene nanosheet families for use in rechargeable lithium ion batteries[J]．Nano Letters，2008，8（8）：2277-2282.

[5] Dong X，Wang X，Wang J，et al．Synthesis of a MnO2-graphene -foam hybrid with controlled MnO_2 particle shape and its use as a supercapacitor electrode[J]．Carbon，2012，50（13）：4865-4870.

[6] Li S，Zou X，Hu Y，et al. Electrochemical Reduction of $TiO_2/Al_2O_3/C$ to Ti_3AlC_2 and Its Derived Two-Dimensional（2D）Carbides[J]. Journal of The Electrochemical Society，2018，165（3）: E97-E107.

[7] Zhu X，Jiao Q，Zuo X，et al. An electrochemical sensor based on carbon nano-fragments and β-cyclodextrin composite-modified glassy carbon electrode for the determination of rutin[J]. Journal of The Electrochemical Society，2013，160（10）: H699-H703.

[8] Novoselov K S，Jiang D，Schedin F，et al. Two-dimensional atomic crystals[J]. Proceedings of the National Academy of Sciences of the United States of America，2005，102（30）: 10451-10453.

[9] Ataca C，Topsakal M，Akturk E，et al. A comparative study of lattice dynamics of three-and two-dimensional MoS_2[J]. The Journal of Physical Chemistry C，2011，115（33）: 16354-16361.

[10] Ma R，Sasaki T. Nanosheets of Oxides and Hydroxides : Ultimate 2D Charge-Bearing Functional Crystallites[J]. Advanced materials，2010，22（45）: 5082-5104.

[11] Takahashi N，Hata H，Kuroda K. Exfoliation of layered silicates through immobilization of imidazolium groups[J]. Chemistry of Materials，2010，23（2）: 266-273.

[12] Klein A，Palkovits R. Influence of structural parameters on the conversion of ethanol into 1，3-butadiene using mesoporous zeolites[J]. Catalysis Communications，2017（91）: 72-75.

[13] Novoselov K S，Geim A K，Morozov S V，et al. Electric field effect in atomically thin carbon films[J]. Science，2004，306（5696）: 666-669.

[14] Naguib M，Kurtoglu M，Presser V，et al. Two-dimensional nanocrystals produced by exfoliation of Ti_3AlC_2[J]. Advanced Materials，2011，23（37）: 4248-4253.

[15] Naguib M，Mashtalir O，Carle J，et al. Two-dimensional transition metal carbides[J]. ACS Nano，2012，6（2）: 1322-1331.

[16] Naguib M，Halim J，Lu J，et al. New two-dimensional niobium and vanadium carbides as promising materials for Li-ion batteries[J]. Journal of the American Chemical Society，2013，135（43）：15966-15969.

[17] Eklund P，Beckers M，Jansson U，et al. The $M_{n+1}AX_n$ phases：materials science and thin-film processing[J]. Thin Solid Films，2010，518（8），1851-1878.

[18] Barsoum M W. The $M_{N+1}AX_N$ phases：A new class of solids：Thermodynamically stable nanolaminates[J]. Progress in Solid State Chemistry，2000，28（1-4）：201-281.

[19] Hoffman E N，Yushin G，El-Raghy T，et al. Micro and mesoporosity of carbon derived from ternary and binary metal carbides[J]. Microporous and Mesoporous Materials，2008，112（1-3）：526-532.

[20] Barsoum M W，El-Raghy T. The MAX phases：unique new carbide and nitride materials：ternary ceramics turn out to be surprisingly soft and machinable，yet also heat-tolerant，strong and lightweight[J]. American Scientist，2011，89（4）：334-343.

[21] Sun Z M. Progress in research and development on MAX phases：a family of layered ternary compounds[J]. International Materials Reviews，2011，56（3）：143-166.

[22] Barsoum M W，Radovic M. Elastic and mechanical properties of the max phases[J]. Annual Review of Materials Research，2010，41（41）：195-227.

[23] Come J，Naguib M，Rozier P，et al. A non-aqueous asymmetric cell with a Ti_2C-based two-dimensional negative electrode[J]. Journal of the Electrochemical Society，2012，159（8）：A1368-A1373.

[24] Wang F，Yang C，Duan C，et al. An organ-like titanium carbide material（MXene）with multilayer structure encapsulating hemoglobin for a mediator-free biosensor[J]. Journal of The Electrochemical Society，2015，162（1）：B16-B21.

[25] Zhu J，Tang Y，Yang C，et al. Composites of TiO_2 nanoparticles deposited

on Ti_3C_2 MXene nanosheets with enhanced electrochemical performance[J]. Journal of The Electrochemical Society，2016，163（5）：A785-A791.

[26] Zheng K，Zou X，Xie X，et al. Electrosynthesis of SiC derived porous carbon nanospheres for supercapacitors[J]. Materials Letters，2018（216）：265-268.

[27] Hu Q，Wang H，Wu Q，et al. Two-dimensional Sc_2C：A reversible and high-capacity hydrogen storage material predicted by first-principles calculations[J]. International Journal of Hydrogen Energy，2014，39（20）：10606-10612.

[28] Peng Q，Guo J，Zhang Q，et al. Unique lead adsorption behavior of activated hydroxyl group in two-dimensional titanium carbide[J]. Journal of the American Chemical Society，2014，136（11）：4113-4116.

[29] Sun D，Wang M，Li Z，et al. Two-dimensional Ti_3C_2，as anode material for li-ion batteries[J]. Electrochemistry Communications，2014，47（10）：80-83.

[30] Naguib M，Mochalin V N，Barsoum M W et al. 25th anniversary article：mxenes：a new family of two-dimensional materials[J]. Advanced Materials，2014，26（7）：982-982.

[31] Wang D，Min Y，Yu Y，et al. Laser induced self-propagating reduction and exfoliation of graphite oxide as an electrode material for supercapacitors[J]. Electrochimica Acta，2014（14）：274.

[32] Tuinstra F，Koenig J L. Characterization of graphite fiber surfaces with Raman spectroscopy[J]. Journal of Composite Materials，1970，4（4）：492-499.

[33] S Stankovich，D A Dikin，G H B Dommett，et al. Graphene-based composite materials[J]. Nature，2006（442）：282.

[34] Zheng K，Zou X，Xie X，et al. Electrosynthesis of Two-Dimensional TiC and C Materials from Ti_3SiC_2 in Molten Salt[J]. Journal of The Electrochemical Society，2018，165（5）：D190-D195.